KB179810

이 책을 소중한 _____ 님께 드립니다.

닥치고 서울대

전공적합성 공부로 진로 찾은 아이들

닥치고 서울대

초판 1쇄 발행 2020년 11월 11일

지은이 이봉선
펴낸이 유지서

펴낸곳 이야기공간 **출판등록** 2020년 1월 16일 제2020-000003호
주소 인천광역시 서구 승학로 406(검암동, 효산캐슬) A동 503호
　　　서울특별시 서대문구 증가로 103-9(남가좌동, 밀레니엄) 203호
전화 070-4115-0330 **팩스** 0504-330-6726
이메일 story-js99@nate.com
블로그 blog.naver.com/story_js2020
인스타그램 https://www.instagram.com/the_story.space/

고문 오정재 **편집도움** 변정혜, 송미진, 신경범, 한선화
일러스트 김혜림 **카툰** 이광일 **표지 · 본문디자인** 씨오디
SNS마케팅 우아한이제이, 육민애
홍보도움 김만호, 김은선, 오은균, 유영철, 이미혜, 이수진
자료도움 김기석, 김지일, 유영민, 이철규, 최재호, 일취월장입시전략연구팀
경영도움 카운트북 countbook@naver.com
인쇄 · 제작 제이케이프린팅 oneoff1004@hanmail.net
배본사 런닝북 runrunbook@naver.com
전자책 제작 롤링다이스 everbooger@gmail.com

ⓒ 2020, 이봉선

ISBN 979-11-971551-0-9 (43190)

＊ 이 책은 저작권법에 따라 보호를 받는 저작물이므로 무단 전재와 무단 복제를 금합니다.
＊ 책값은 뒤표지에 있습니다.
＊ 파본은 구입하신 서점에서 교환해 드립니다.
＊ 이 도서의 국립중앙도서관 출판예정도서목록(CIP)은 서지정보유통지원시스템
　　홈페이지(http://seoji.nl.go.kr)와 국가자료종합목록 구축시스템(http://kolis-net.nl.go.kr)에서
　　이용하실 수 있습니다. (CIP제어번호 : CIP2020041069)

＊ 일러두기
　　이 책에 실린 에피소드는 모두 실화입니다.
　　단, 사생활 보호를 위해 주인공들의 이름은 가명을 썼음을 밝힙니다.

전공적합성 공부로 진로 찾은 아이들

닭치고 서울대

뽕샘 지음

이야공간

지쳐 있는 수험생에게 나는 항상 이것부터 물었다

"잠은 잘 자니?"

상담실로 들어서는 서현이는 얼굴에 핏기가 하나도 없었다. 금방이라도 쓰러질 것 같았다. 나는 말없이 고개를 숙이고 있는 서현이에게 조용히 물었다.

"잠은 잘 자니?"

서현이가 고개를 저었다.

"왜 잘 못 잘까? 불편한 게 있니?"

서현이는 멍한 표정으로 나를 바라보았다. 옆에서 이런저런 입시 자료와 서현이 성적표를 꺼내고 있던 어머니가 의아한 표정으로 나를 바라보았다. 나는 서현이에게서 눈을 떼지 않고 어머니에게 물었다.

"저기 어머님, 혹시 서현이가 지금 쓰고 있는 베개… 몇 년이나 되었나요?"

"예? 베개요? 갑자기 그건 왜…."

"혹시 베개가 3년 이상 되지 않았나요?"

"베개? 3년? 선생님 그건 왜 갑자기…."

"어머님, 지금부터 제 말을 잘 들어 보세요."

나는 서현이 어머니가 내놓은 입시 관련 자료나 성적표는 옆으로 밀어 둔 채 진지하게 물었다.

침대 머리가 북쪽으로 향해 있지 않은가? 베개를 3년 이상 사용하고 있지 않은가? 머리맡에 수면 등이 설치되어 있는가? 서현이가 책상에 앉았을 때 눈앞에 책들이 빽빽이 꽂혀 있지 않은가?

서현이 어머니는 골똘히 생각했다. 그런데 갑자기 옆에서 서현이가 눈물을 뚝뚝 흘리기 시작했다. 서현이 어머니는 당황해서 딸과 나를 번갈아 쳐다보았다.

나는 서현이의 눈물이 무엇을 의미하는지 바로 알 수 있었다. 문제가 매우 심각했다. 다소 극단적인 조치가 필요했다. 이 순간 과감해야 했다. 나는 서현이 어머니가 내놓은 서류 한 장을 조용히 들고 찢어 버렸다. 서현이는 점점 더 서럽게 울기 시작했다. 나는 서현이에게서 눈을 떼지 않고 손에 잡히는 대로 종이를 찢어 버렸다. 잠시 후에 서현이의 감정이 가라앉기를 기다렸다가 나는 조용히 말했다.

"서현아, 이 중에서 네가 찢고 싶은 것이 있으면 다 찢어 버려."

잠시 후에 서현이는 눈물도 닦지 않고 입시 관련 서류들을 찢기 시작했다. 나는 모의고사 성적표 하나를 서현이 손에 들려 주었다. 우리는 그것을 함께 찢어 버렸다. 서현이는… 울면서 웃었다. 웃으면서… 울었다. 책상 위에 있던 서류들을 다 찢은 후에 나는 나직한 어투로 서현이를 다독였다.

"꼭 밤에 자려고 하지 마. 그냥 졸리면 아무 때나 자. 규칙적인 생활을 하려고 너무 애쓰지 말고…"

눈물 콧물 범벅이 된 서현이가 싱긋 웃으며 고개를 끄덕였다. 그것으로 상담은 끝났다.

서현이가 지필시험을 보기 위해 다른 교실로 갔다. 이게 뭔 일인가 싶어 당황한 표정으로 앉아 있는 서현이 어머니에게 나는 차분히 말씀드렸다.

"서현이 어머님, 죄송하지만 저를 어떻게 알고 오셨나요?"

"예? 아아, 그 작년에 서울대 간 현석이 엄마가…"

"어머님. 하나뿐인 우리 딸이… 잠을 잘 자는 것보다… 더 중요한 일이 있을까요?"

어머니와의 상담도 그것으로 마무리했다.

공부가 아무리 중요해도 잠을 잘 자는 일보다 중요하지 않다. 대학이 아무리 중요해도 밥을 잘 먹는 일보다 중요하지 않다. 입시가 아무리 중요해도 화장실에 가서 쾌변을 보는 일보다 중요하지 않다. 단언하건대, 잘 먹고 잘 자고 화장실에 잘 가는 일보다 중요한 일은 없다.

정말 뜻밖으로 성적 부진의 가장 큰 원인은 잠과 밥과 화장실 문제에 달려 있다. 내가 만나 온 전교 1등생들은 변비가 없다는 공통점이 있었다. 짧게 자더라도 숙면을 취해서 피부도 좋았다. 밥은… 소식을 하기는 해도 굶거나 인스턴트식품만 먹는 일은 없었다. 이를 통해서 나는 확신했다. 수험생을 둔 부모가 해 줄 일은 최신 입시 정보와 공부법을 자녀에게 숙지시키려고 할 것이 아니라, "잠은 잘 자니?" "오늘 저녁엔 뭐 먹고 싶니?" "변비로 고생하고 있지는 않니?" "요즘 힘든 건 없니?"부터 물어보는 것이다.

다음 날, 서현이 어머니에게서 전화가 왔다. 어머니는 울먹이고 있었다. "원장님, 제가 진짜 너무 무심했네요. 서현이 침대 위치를 바꿔 주고, 책상 주변을 모두 깨끗이 정리했어요. 그리고 지금 서현이랑 원장님이 강력 추천한 편백나무 베개를 사러 가는 중이에요."

서현이는 수능 3개월을 앞두고 매우 불규칙적인 생활을 시작했다. 배고프면 먹고 졸리면 자고 일어나고 싶을 때 일어났다. 다른 건 모두 마음 가는 대로 했는데 화장실 문제만큼은 철저하게 관리했다. 물을 충분히 마시고 유산균도 의사의 처방을 받아 제대로 먹기 시작했다. 덕분에 서현이는 수능 전날에도 숙면을 취했다. 결과는, 경인교대에 진학했다. 지금은 유쾌한 교사로 살아가고 있다.

건강이 우선이다. 건강해야 공부도 잘된다. 25년간 나는 이 마음으로 수험생들을 대했다. 그랬더니 아이들이 먼저 마음을 열었고, 시키지도 않았는데 공부를 시작했다. 이 책을 통해 만나게 될 아이들은 내가 하도 강조해서 그런지 건강하고 즐겁게 공부해서 원하는 대학에 갔고 꿈을 이뤘다. 고맙게도 그들이 내게 지어 준 이름은 '학습심리치유사 뿅샘'이다.

그다음 전공적합성

본격적인 입시 상담을 하는 많은 예비 수험생과 학부모가 묻는다.

"뽕쌤, 전공적합성이 뭐예요?"

25년간 입시 전문가로 살아온 나는 그 무엇보다 전공적합성을 강조한다. 이것이 자신에게 맞는 공부법과 대입 전략의 핵심이기 때문이다.

전공적합성은 새롭고 특별한 것이 아니다. 지금까지 학생부 종합 전형은 학업 역량, 전공적합성, 발전 가능성, 인성의 네 가지를 다면평가 방식으로 진행해 왔다. 그런데 너무 종합적이고 방대하다 보니 수험생 혼자서 대비할 수 없었다. 그래서 엄마 찬스, 아빠 찬스 이야기가 나왔고, 결국에는 금수저 전형이라는 비판을 받았다.

말도 많고 탈도 많았던 소논문 작성은 이미 폐지되었다. 자기소개서도 폐지, 수상 경력 반영 폐지, 개인 봉사활동 폐지, 특기자 전형 폐지, 심지어 독서 활동까지 폐지된다. 이렇게 되면 학생부 종합 전형에서 중요하게 다뤄졌던 발전 가능성과 인성 부분은 약화되고, 학업 역량과 전공적합성이 강화된다.

기존 학생부 종합 전형	전공적합성 강화
학업 역량, 전공적합성, 발전 가능성, 인성	학업 역량↑, 전공적합성↑, 발전가능성↓, 인성↓

기존에는 네 가지 영역이 모두 중요했는데 두 가지가 약화되었으니 전공적합성이 더욱 중요해진 것이다. 학업 역량은 내신 등급이다. 숫자로 정확하게 나오는 것이라서, 평가 방법이 정해져 있다. 하지만 대학들은 고교 간의 학력 차이가 분명한 상황에서 명문고로 알려진 고교와 아주 작은 시골학교의 내신 등급을 동일하게 평가하지는 않는다. 문제는 고교 블라인드 처리(출신 학교 정보를 모두 가리고 오직 서류나 당일 면접 결과로만 평가하는 것. 자사고나 특목고 출신에 대한 선입견이 배제되고 원칙적으로 모든 학생을 동등한 입장에서 평가한다)로 학생의 출신 학교를 알 방법이 없다는 점이다. 당연히 남는 것은 학생부에 기재된 전공적합성이다. 결과적으로 대학에서 요구하는 인재를 선발하는 가장 핵심적인 요소가 전공적합성이 된 것이다.

전공적합성에 맞춰서 공부를 하면 목표가 명확해진다. '사랑하면 알게 되고 알게 되면 보인다'는 말처럼, 자신의 진로적성을 탐색하여 전공과 관련한 분야에 집중하다 보면, 내가 지금 이 공부를 왜 해야 하는지 이유가 명확해진다. 공부의 목표가 명확해지면 관련 교과목에 더욱 흥미가 생기게 마련이다.

문학을 전공하려는 학생이 '나는 어차피 시와 소설을 쓰려고 하는데 이따위 미적분은 배워서 무슨 소용이 있지?' 이런 마음가짐이 아니라 '수학에 나오는 다양한 원리들을 문학에 접목시켜 보는 방법은 없을까?'를 고려하게 된다. 즉, 모든 교과목이 내 전공을 위해 꼭 필요한 공부라고 인식하게 만든다.

예를 들어, 건축공학과를 지원하기로 한 학생이 다음과 같이 모든 교과목에 전공과 연계한 정성과 관심을 쏟게 하는 힘이 전공적합성이다.

· 국어에서는 '이상의 시 <건축무한육면각체>를 공부하면서 건축과 예술의 관계를 탐구하였다.
· 수학에서는 '기하 벡터 영역에서 정사영(正射影)의 원리를 이해하고, 이런 평면도형의 원리를 이용한 건축물의 설계와 미적 완성도에 관해 연구하였다.
· 미술에서는 '가우디가 설계한 스페인 대성당의 아름다움을 감상하면서 건축의 기술과 공간의 예술이 조화될 때, 완성도 높은 작품을 창조할 수 있다는 것을 배울 수 있었다.
· 일본어에서는 '미시마 유키오의 소설 《금각사》를 배우면서 지진이 많은 일본 건축물의 특징과 연계하여 일본문화의 특성을 분석하였다.

학습의 목표가 뚜렷해지고 왜 배워야 하는지 확실한 진로 로드맵을 설정하기 위한 전공적합성 공부를 하자.

현재 우리나라 교육 정책에 발맞춘 전공적합성의 개념을 알고, 학습 전반을 전공의 특성과 연계하는 공부법으로 진로를 위한 첫걸음인 대학 합격의 문을 열기 바란다.

지금, 나 자신에게 물어라

"너 진짜 좋아하는 게 뭐니?"

전공적합성을 고려한 세부특기사항을 정리하기 위해서는 고교 입학 전부터 전공에 대한 로드맵이 확실하게 설계되어 있어야 한다. 고교 입학 후에 찾아도 된다고 여유 있게 진로 탐색을 하면, 고1 때는 의대, 고2 때는 수의대, 고3 때는 생명공학이 되는 시행착오를 겪을 수 있다. 그러다가 "이거 안 되겠다. 정시로 가자." 이런 소리를 한다.

물론 일찌감치 전공을 정해 놓으면 고교 생활을 하면서 그에 대한 열정이 식을 수도 있고, 전혀 새로운 영역에 관심을 가질 수도 있다. 그리고 무엇보다 중학생 때 공부 좀 한다는 소리를 듣고, 고1 때는 패기 있게 의대 진학을 결정했다가 수능형 공부에 짓눌려 방황하기도 한다. 그래서 막연한 진로 결정은 독이 되기도 한다. 남들이 취업 잘 되고 좋다고 말하는 특정 학과만을 염두에 둘 것이 아니라, 진짜 자신의 적성이 무엇인지 발견해야 한다.

말만 들어도 가슴 설레는 그 무엇! 대체 그것이 무엇일까? 지금, 나 자신에게 물어봐라.

"너 진짜 좋아하는 게 뭐니?"

누구에게나 '내가 진짜 좋아하는 것'이 분명히 있다.

혹시 이 책을 수험생 자녀를 둔 부모가 본다면, 내 아이가 진짜 좋아하는 관심 분야가 무엇인지 알기 위해 세 시간만 투자해 보라고 말씀드리고 싶다. 부모의 기준이 아닌 자녀의 눈높이에서 식습관, 교우관계, 독서 성향을 살펴보자. 차분히 들여다보면 반드시 보인다. 특권층만 알고 있는 최신 입시 정보? 무조건 성적을 올려주는 족집게 선생님? 만나기도 어려운 신적인 입시 컨설팅? 꿈같은 명문대 합격을 기대할 것이 아니라 자녀가 무엇을 할 때 행복해하는지를 알아보는 게 먼저다.

방법은 딱 하나다! "너 진짜 좋아하는 게 뭐니?"라고 물어보는 것.

꿈을 구체화하는 진로 찾기
이 책에 대하여

올 초에 그동안 만난 제자들의 이야기를 쓰기 시작했다. 진로 지도와 입시 상담을 하면서 늘 느꼈던 수험생들에 대한 나의 마음을 담아내고 싶어서였다. 어쩌면 나의 말 한마디로 절망에서 희망을 찾았던 제자들처럼 지금 이 시간에도 수험생의 길로 향하고 있는 많은 청소년에게 용기를 줄 수 있지 않을까 싶은 마음에 용기를 냈다.

그렇게 25년간 만나 온 제자들의 진로 찾은 사연들이 에세이가 되었다. 입시 전략서의 성격을 띠고 있기는 하지만 이 책을 만난 청소년이나 학부모가 지루해하면 어쩌나 우려해서 스무 가지 실화 에피소드에 재기 발랄한 실제 주인공과 사건을 재미있게 버무렸다.

스무 편의 이야기를 읽고 나서는 25년간 다져 온 한 입시 전문가이자 진로 상담 선생님의 내공이 깃든 전공적합성 공부법과 대입 전략의 팁을 덤으로 얻을 것이다.

《닭치고 서울대》라는 책 제목을 정하고 나서 너무 입시 지상주의가 아닌가 하는 우려를 했다. 하지만 여기에서는 '서울대'가 아니라 '닭치고'가 중요하다. 자신감이 없고 우울증에 시달리던 학생이 닭을 키우면서 마음에 맺힌 응어리를 풀 수 있었다. 잠도 제대로 못 잘 정도로 강박관념에 시달리던 고작 중3짜리 아이가 닭을 키우면서 느꼈던 관계, 배려, 존중을 깨달아 가는 과정은 전공적합성 공부를 해 나가게 한 밑거름이 되었다. 그래서 이 닭치고 서울대에 간 이야기를 전면에 드러내기로 했다.

책의 내용 중에 전공적합성에 오히려 반대되는 이야기도 있다. 하지만 자세히 읽어 보면 이 또한 전공적합성 응용 사례다. 결정적인 순간, 전공적합성을 나의 상황에 맞춰 응용할 줄도 알아야 한다.

꿈은 이상이고, 대학은 현실이다. 꿈을 이루려면 진로를 먼저 찾아야 한다. 진로를 찾기 위해 대학은 거쳐야 할 현실이다. 대학에 가려면? 공부를 해야 한다. 공부를 좀 더 즐겁고 쉽게 하려면? 전공에 대한 진로를 확실히 결정해야 한다.

누구에게나 꿈은 막연하다. 그것이 현실이 되게 하려면 확실한 인생 좌표가 있어야 한다. 일단 방향을 잡을 수 있는 좌표를 설정하고 나면 꿈은 구체화된다. 이 책을 통해서 인생 좌표를 설정해라. 그러면 매우 구체적이고 현실적인 진로를 찾게 될 것이다.

입시는 희망이다

이 책을 쓰면서 마지막까지 내 마음속에 남은 단어는 '희망'이었다. 자신의 인생에서 참으로 중요한 일인데도 허무할 정도로 쉽게 결정되는 입시. 그 어떤 것도 보이지 않는 막막한 터널….

그래도 입시 덕분에 희망을 말할 수 있다. 입시를 치르기 위한 공부를 하면서 미래를 꿈꿀 수 있고, 내가 하고 싶은 게 뭔지, 가야 할 길이 어느 쪽인지 고민할 수 있다. 어차피 치러야 할 입시라면, 진로를 잘 찾은 훗날의 나를 머릿속에 그리며 긍정적으로 즐기자.

이 책을 펼쳐 볼 친구들은 10대 중후반일 텐데, "지금 네 전공을 확정하고 오직 그 길로만 가라."는 나의 말이 잔인하게 들릴지도 모르겠다. 입시는 희망을 찾기 위한 구체적인 행동이다. 나는 제자들을 명문대에 많이 보냈다는 점보다 그들이 어떤 진로를 선택했든 희망을 전했다는 것에 더 자부심을 느낀다.

희망(希望). 간절히 바라고 또 바라면 이뤄질 것이라는 믿음. 앞으로도 입시를 치러야 할 나의 제자들에게 희망을 주고 싶다.

두려워하지 마라.
네가 말을 처음 배웠을 때
'엄마'라는 웅얼거림에도 감격하던 엄마의 마음을 믿어라.
두려워하지 마라.

네가 한글을 처음 배우고

'아빠'라는 그 삐뚤빼뚤 쓴 글씨에도 자랑스러워하던 아빠의 마음을 믿어라.

그리고 또 두려워하지 마라.

이제 네가 선택해야 할 길에서 그냥 우연히 주어지는 것은 없다. 아무리 순간적으로 보이는 일이라도 그 이면에는 오직 너만을 위해 준비된 운명이 있다. 두려울 때는 깊은숨을 내쉬고 오직 너를 위해 준비된 시간의 희망을 믿어라.

언제나 10대를 응원하는, 뽕샘

| 차례 |

PART 1

꿈을 이루기 위한
우리들의 공부법

PART 2

꿈을 현실로 만든 우리들의 대입 이야기

뽕샘을 만나서
진로 찾은 우리들

미리 보기 카툰

#1 민우 이야기

하기 싫은 공부에 시달려
핏기 없고
마른 잔디 같던 나…
중3이 되자 더더욱
의욕이 없어졌다.
어느 날 갑자기
그냥 닭만 키우고 싶었다.
이런 내 마음을
뽕샘에게 얘기했다.

뭐? 중3이
닭을 키우고 싶다고?

띠용?!

네….

뽕샘이 아버지에게 전했고
우여곡절 끝에
닭을 키우게 됐다.

그랬더니 너무
즐겁고 편안해졌다.

잘 자라라~.

나는 닭친 덕분에
국내 의대 다섯 곳에
합격했다.
서울대, 연세대, 고려대
그리고 두 곳 더!

합격
통지서

#2 한아 이야기

대학에 가야만
다섯 식구가 아웅다웅하는
14평 가난한 집에서
벗어날 수 있을 것 같았다.
절실해서였을까.
오기가 생겼다.

무작정
뽕샘을 찾아가
수업을 듣게
해 달라고 말했다.

수강료는 대학 가면
알바해서 갚을게요.

연세대 심리학과에 합격했지만
자취방 보증금을 구할 돈이 없었다.
뽕샘은 배추장수 아버지가 나 몰래 낸
수강료 봉투를 주었다.

지금은 알바해서
그동안 뽕샘에게
못 드렸던
수강료, 보증금
다 갚았다!

#3 가연이의 이야기

178센티미터, 90킬로그램
내 별명은 모세의 기적!
내가 나타나면
애들이 양쪽으로 갈라선다.

공부?
당연히 바닥.

일진 애들 때려서
경비원 아버지
속 썩인
문제아 딸.

아파트 애들 과외 해 주던
뽕샘이 좁디좁은 경비
초소에서 몰래몰래
나를 가르쳤다.
처음엔 도움을 받았지만
차차 혼자 공부할 수 있었다.

여기는 말이야...

꼬응...

경비원 아버지는
몸살로 주무시는 중.

지금? 물리치료사가 됐다.
힘이 아주 세서
온몸 뻐근한 어르신들
시원하게 치료해 드린다.
뽕샘도 가끔 나를 찾아온다. 하하!

뚜둑!

#4 건후와 준후 이야기

21세기 오성과 한음.
우리는 절친.
하지만 외향도 성격도
공부법도 완전 다르다.

뽕샘 수업 시간.
〈이상곡〉을 배우고 있다.
나무숲으로 둘러싸인 고불고불
돌아가는 좁다란 길에…

에헤이, 진짜 왜
이러세요? 우리도 알 거 다 알아요.
이 노래가 남녀상열지사…
남녀 간의 뜨거운 사랑 노래면…

왜 뜨거운 노래인지…
어디가 뜨거운 내용인지
그걸 알려 주셔야죠. 꾸아아하!

논리적이고 성실한
건후에게 맞는 공부법은
알고리즘과 초점을 낚는
낚싯대 공부법!

알고 보면
탐색의 대가
준후는
넓게 펼쳐야 하는
그물망 공부법!

건후는 교원대를 졸업하고
임용고시에 합격하여
고등학교 선생님이 되었고

준후는 동국대 경찰행정학과
졸업 후 경찰간부시험에 합격하여
지금은 경감이 되었다.

#5 진로 찾은 우리들과 뿅샘의 공부법

뿅샘이 누누이 강조하던 전공적합성에 맞춰
공부했더니 내 진로가 명확하게 보였다.

25년간
우리 같은 수험생
2만 5,000여 명을
지도해 온
뿅샘은 말한다.

중3 때부터 전공과 진로를 정하고
나에게 맞는 맞춤형 공부를 해야 해.
그러면 반드시 원하는 진학을 하고
꿈을 이룰 수 있어!

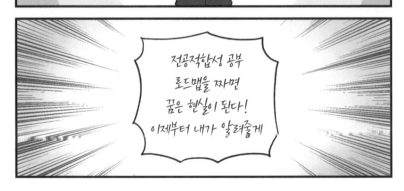

전공적합성 공부
로드맵을 짜면
꿈은 현실이 된다!
이제부터 내가 알려줄게

PART
1

꿈을 이루기 위한
우리들의 공부법

닭치고 서울대

전공적합성으로 의대 가는 방법

상담실로 들어오는 민우를 처음 본 순간.

참 우울해 보였다. 물기 하나 없는 화분에서 말라 죽어 가는 선인장, 혹은 누렇게 시든 11월의 잔디밭 같았다. 깡마르고 얼굴에 여드름이 가득했다. 외형만 봐도 잘 먹지 못하고 잠도 잘 못 자는 아이라는 게 느껴졌다.

몇 마디 이야기를 나눠 보니 자신감도 없었고 목소리가 너무 작아서 잘 알아들을 수도 없었다.

"민우는 진짜 좋아하는 게 뭐니?"

순간 정적이 흘렀다. 민우는 우물쭈물하며 대답하지 않았다. 나는 인내심을 가지고 민우의 대답을 기다렸다.

"저는… 닭을 키워 보고 싶어요."

"닭? 꼬꼬댁 꼬꼬… 치킨? 닭?"

"네."

"왜 닭을 키우고 싶은데?"

"모르겠어요. 그냥 저는 닭만 보면 너무 좋아요."

나 원 참. 입시 상담을 하러 온 아이가 닭을 키우고 싶다니? 이 어린 녀석이 선생을 놀리나 하는 생각이 밀려왔다. 그런데 민우의 표정이 너무 진지해서 뭐라고 할 수 없었다.

"닭을 키워서 뭐하게? 축산 쪽에 관심이 있어?"

"아뇨. 그냥 닭이 좋다니까요. 닭을 키워 보고 싶어요."

아무리 진지하게 대화를 이어 가고 싶어도, 끝내 닭닭거리는 민우를 이해할 수 없었다. 입시에는 관심도 없고 그저 닥치고 닭을 키우고 싶다던 중학생 민우는, 결론적으로 이런 일을 해냈다.

서울대 의예과 합격

고려대 의예과 합격

연세대 의예과 합격

수능 물리를 제외하고 전 과목 1등급

내신 고교 3년간 1.00등급

뒤에 그 어떤 소수점도 붙지 않는 말 그대로 퍼펙트 한 내신 1.00등급 그러나 그때만 해도 민우의 국어 학습 성향 분석을 위한 사전 상담은 완전히 겉돌았다.

"국어는 어떤 영역이 제일 어렵지?"

"답을 맞혀도 왜 그게 정답인지 알 수가 없어요."

"아니 그러니까 내 말은 어떤 영역? 그러니까 시나 소설, 문법 중에서 뭐가 제일 어려워?"

"수학이나 과학은 원리에 따라 정확하게 계산을 하면 되는데 국어는 그냥 찍는 기분이라서…"

"그건 조금 이따가 테스트 끝나고 다시 이야기하기로 하고 국어는 어떤 영역이 어렵냐고?"

"국어는 '가장 적절' 이런 말이 너무 짜증나요."

우리의 대화는 계속해서 동문서답을 하며 오리무중의 안갯속을 헤매고 있었다.

잠시 후에 민우를 테스트 교실로 들여보내고, 민우 어머니와 마주 앉았다. 민우를 내보내고 나자 어머니가 걱정스러운 눈빛으로 나를 바라보았다. 그리고 곧 대다수의 학부모가 하는 말로 입을 여셨다.

"우리 애가 머리는 참 좋은데 노력을 하지 않아서요."

"예, 뭐 그럴 수 있지요. 민우 지필시험 끝나면 그 결과를 보고 다시 말씀 나누시지요."

민우 어머니는 불안한 표정을 감추지 못한 채 학부모 대기실로 자리를 옮기셨다.

나는 계속되는 상담으로 인해 매우 피곤했는데, 그나마 조금 남아 있던 기운까지 민우에게 모두 빼앗긴 탓에 완전히 녹초가 되었다. 나는 상담실에 혼자 남아서 의자에 기대어 깜빡 잠이 들었다. 한 시간쯤 후에 담당 선생이 민우의 평가표를 가지고 들어왔다. 나는 별 기대도 하지 않고 형식적으로 물었다.

"저 아이의 분석 결과는 어때요?"

"그냥 뭐 평범하네요."

민우의 학습 능력은 보통 수준이었다. 특별히 못하는 것도 아니었고, 잘하는 것도 아닌 평범한 수준의 성적이었다.

나는 몇 가지 평가표를 분석해 보고, 민우 어머니 말대로 '머리는 좋은데 노력을 하지 않는 아이'가 절대 아니라는 확신을 가졌다. 이 아이는 그냥 '노력을 하지 않는 아이'일 뿐이었다. 수학이나 과학을 얼마나 잘하는지는 모르겠으나, 국어에서 우수한 부분은 찾아볼 수 없었다.

나는 민우 어머니에게 최대한 우회해서 조심스럽게 말했다.

"예, 어머님. 제가 보기에 민우는 어느 정도 노력하면 결과에 따라서는 본인이 원하는 대학을 어느 정도 갈 수도 있기는 한데… 전체적으로 학습 심화 과정이 필요하고요. 민우가 진짜 노력하면 어느 정도 성과를 이루면서 동물자원학과나 이런 곳도 꽤 유망해 보이고 어느 정도 하느냐에 따라…"

내가 상담할 때 '어느 정도'라는 말이 두 번 이상 나오면, 매우 곤

혹스러웠다는 뜻이다. 직설화법으로 다음과 같이 번역할 수 있다.

"예, 어머님. 민우는 좋은 대학 가기는 어렵습니다. 이런저런 고민하지 마시고 축산학과 보내서 민우가 좋아하는 닭 키우게 하세요. 그게 시간 절약하고 학생도 부모도 서로 행복한 길입니다."

하지만 나의 말은 제대로 통역이 되지 않아서 민우 어머니는 '어느 정도'라는 말을, 당신의 귀한 자녀가 가지고 있을지도 모를 '혹시나'라는 가능성으로 해석하고 있는 눈치였다.

그렇게 민우와 인연을 맺었다. 녀석은 열심히 수업을 듣고, 열심히 과제를 하고, 열심히 잤다. 시간이 지나도 민우는 처음 본 이미지에서 크게 벗어나지 않았고, 발전 가능성은 희박해 보였다. 성적도 썩 오르지 않았다. 그렇게 시간이 흘렀다.

중3 겨울방학 때, 민우는 손가락에 붕대를 칭칭 감은 채 나타났다.

"어? 민우야? 손은 왜 다쳤어?"

"엄청 어렵게 닭을 구해서 키우기 시작했거든요. 그런데 어제 아파트 바깥쪽 공터에서 닭장을 허물다가 다쳤어요."

"닭장? 아파트에 닭장이 있어?"

"네. 아파트 안쪽도 아니고 뚝 떨어진 바깥쪽인데 경비원 아저씨들한테 들켜서 다 부숴 버렸어요."

"그럼 거기 키우던 닭들은 어떻게 했어? 몇 마리나 되는데?"

"세 마리요. 일단 박스에 넣어서 제 방에 놨는데… 앞으로 어째야 할지 큰일이에요."

그때 민우의 눈빛이 너무 절실해 보였다. 닭에 대한 정성이 얼마나 대단한지 알 수 있었다.

"닭이 그렇게 좋아?"

민우는 대답 대신에 고개를 끄덕였다. 한 번도 보지 못한 생기 넘치는 모습이었다. 5월의 푸른 잔디밭 같았다.

"그렇게 좋으면 한번 제대로 키워 봐."

"엄마가 공부해야 한다고 절대 안 된대요. 마땅하게 키울 곳도 없고요."

"그럼 지금 네 방에 있는 닭은… 잡아먹을 거야?"

"예? 아니 선생님! 어떻게 그런 말을?!"

민우는 나를 괴물 대하듯 바라보았다. 순간적으로 나온 농담이었지만 너무 미안했다.

며칠 후 민우 아버지가 수강 등록을 하러 오셨다. 민우 아버지도 민우처럼 바싹 마른 잔디같이 피곤해 보였다. 너무 지쳐 있는 모습을 보고 문득 동질감이나 연대감이 들어서였을까. 나는 민우 아버지에게 상담실에서 차 한잔하시자고 권했다. 대화를 나누다 보니 민우 아버지는 나와 동갑이었다. 그래선지 금세 편하게 이야기를 주고받다가 내가 이런 제안을 했다.

"저기 민우 아버님, 혹시 친구 분이나 주변 분 중에 공터를 빌려주실 분 없으세요?"

"공터요?"

"예, 저는 왠지 민우에게 닭을 마음껏 키울 수 있게 해 주면 뭐든 잘할 것 같은데요."

잠시 골똘히 생각하던 민우 아버지는 한참 후에 고개를 끄덕였다. 뭔가 결심한 듯했다.

그렇게 민우는 닭을 키우게 되었다. 처음에는 고물상 옆 공터에 닭장만 지어 놨을 뿐인데 바로 옆집에서 신고하는 바람에 쫓겨나는 우여곡절을 겪었지만, 마침내 민우의 세 마리 닭은 시내에서 조금 떨어진 농장에 자리 잡을 수 있었다. 민우 아버지 친구의 사촌 형이 운영하는 양계장 한구석이었다. 민우는 지극정성으로 닭들을 보살폈다.

훗날 민우가 서울대 의대에 합격하고 나서 후배들에게 들려준 이야기는 다음과 같다.

중학교 졸업식을 마친 다음 날, 아버지와 함께 닭장을 만들었어. 그러면서 기대 반 걱정 반이었지. 고등학생이 되면 정말 눈코 뜰 새 없이 바쁠 텐데, 진짜 내가 닭을 키울 수 있을까 싶었거든.

드디어 닭장 완성! 그 안에 방 세 개를 만들어 각각 병아리를 넣었지. 처음에는 암수 구분을 잘할 수가 없어서 각각 20마리, 10마리, 5마리씩 병아리를 넣고 키우기 시작했어. 월요일부터 금요일까지는 아빠의 지인 분이 돌봤고, 나는 주로 주말에 내려가 보살피며 관찰했지. 시험 기간에는 어쩔 수 없이 못 갔지만, 매주 토요일이면 거의 빠지지 않고 농장에 가서 닭치며 관찰했어. 그런데 참 이상하지 뭐야. 시간을 많이 빼앗기면 어쩌나 걱정했는데, 농장에 갈 때마다 머리가 맑아지고 주중에 공부하느라 받은 스트레스도 풀 수 있어서 오히려 그 시간이 기다려지는 거야.

병아리가 어느 정도 자란 후에 아버지 친구 분의 도움을 받아, A방에는 수탉 1마리와 암탉 15마리, B방에는 수탉 1마리와 암탉 10마리, C방에는 수탉 1마리와 암탉 5마리를 넣고서 본격적으로 관찰했어. 거기에서 암탉의 서열, 집단따돌림, 먹이에 대한 반응 등을 알 수 있었지. 시간이 조금 지난 후에는 암탉에 각각 고유번호를 부여해서, 수탉은 각각 자기 방에 두고 암탉을 서로 섞어 보았어. 가장 안정적이고 빠르게 서열이 잡힌 곳은 암탉 15마리가 있는 방이었지. 반대로 암탉 5마리 방에서는 암탉이 수탉을 공격하는 경우도 종종 일어나고, 서열이 잘 정리되지 않았어. 나는 이 현상을 보며 개체 수가 서열 정리에 영향을 준다는 것을 알게 되었지.

고2 때는 각각의 방에 칠면조를 번갈아 넣고 닭들의 반응을 관찰했어. 그런데 놀랍게도 공통점이 하나 발견되었는데, 세 방에 있는 모든 닭이 잘 먹지 않고 움직이지도 않았다는 거야. 닭들이 한쪽에 모여 잔뜩 주눅 들어 있었어. 닭들은 칠면조를 자기들보다 월등한 존재로 인식한 것 같았어. 먹이를 먹을 때도 눈치를 보고, 그 앞에서는 날개도 잘 펼치지 못했지. 나는 그 모습에서 일제강점기 때 일본군에 대한 조선 사람들의 반응이 저렇지 않았을까 유추해 보기도 했어. 이런 역사적인 관점도 논문 형식으로 썼더니 선생님들이 이 점을 매우 높이 평가해 주셔서 교과목 세부특기사항에서 우수한 평가를 받을 수 있었지.

대학 면접 때 교수님들은 이런 관찰과 실험, 연관된 도서 선정, 글쓰기

과정 등에 대해 집중적으로 질문했어. 서울대에서는 교수님들과 이에 대해 20분 이상 질의응답을 했지. 내가 좋아하는 닭에 대해 떠들다 보니, 면접시험을 본다기보다 이야기를 나눈다는 느낌이 들었어. 분위기도 딱딱하지 않았고… 교수님들이 정말 진지하게 관심을 보여 주셨지. 그중에 한 교수님이 물었어.

"의대에 오기 위해 닭을 키운 건가요?"

"아닙니다. 닭을 키우다 보니 의대에 가고 싶어졌습니다."

"닭을 키워 본 경험이 의학 공부에 어떤 도움이 될까요?"

"직접 닭을 키워 보면서 생명의 신비함을 실감할 수 있었습니다. 의학에서 가장 중요한 것은 생명 존중이라고 생각합니다. 이런 면에서 닭을 키운 경험은 의학 연구에 큰 도움이 될 것입니다."

나는 닭을 치면서 관찰하고 느꼈던 소감을 재미있고 신나게 말씀드릴 수 있었지.

고려대 의예과 면접 때도 교수님들이 닭을 키운 경험과 관찰 소감에 대해 집중적으로 물어보셨어. 역시 재미있고 편안하게 면접을 볼 수 있었지. 연세대 의예과는 면접 방식이 공통 시험지를 주고 그 안에서 대답하는 방식이라서 닭을 키운 경험에 대한 질의응답이 없는데도 합격했어. 내 생각에 아마도 전공적합성 덕분이 아니었을까 싶어. 의대를 목표로 정하고 나서 모든 교과목과 학교활동을 거기에 맞췄거든.

의예과는 전국에서 내로라하는 최고 수준의 학생들이 지원해, 3학년 면접시험 직전까지 닭을 키운 내 이야기가 잘 전달되어 국내 명문고를 나온 최상위권 학생들과 경쟁을 해서 서울대, 고려대, 연세대 의예과에 합격하다니! 정말 기적 같은 일이야. 서울권이 아닌 다른 지역의 의예과 두 곳도 합격했어. 나는 닭들 덕분에 골라서 대학에 가는 행운을 얻은 셈이지.

고등학생이 주말에 시골 농장에 가서 닭을 키운다? 그게 가능할까? 당연히 가능하다. 바싹 마른 잔디 같았던 민우가 그랬다. 민우는 닭을 키우는 것에서 그치지 않았다. 주말에 닭을 키우기 위해 주중에는 공부에 집중하는 여건을 만들었다. 과제도 그날그날 끝냈다.

그뿐인가. 닭친 덕분에 민우는 엄청나게 성적이 올랐다. 닭의 사료를 사기 위해 용돈이 더 필요했던 민우는 부모님과 어느 선까지 성적을 올리겠다고 약속한 다음 스스로 학습 목표를 세우고 이루어 냈다. 그러고 나서 부모님께 용돈을 올려 달라고 당당히 요구했다.

민우는 이제 바싹 마른 잔디가 아니었다. 표정에 생기가 돌았고, 눈빛이 반짝반짝 빛났다. 주말에 닭을 보러 갈 생각에 설레서 주중에 어지간한 학업 스트레스는 받지 않은 덕분이었다.

닭치는 고등학생이 되면서 민우는 국어 성적이 급격하게 올랐다. 전공을 분명히 정했고, 목표가 뚜렷했기 때문이다. 특히 저조했던 민우의 국어 성적은 목표를 세우자 놀랍게 향상되었다. 민우의 공부법은 간단했다.

모든 과목은 닭과 통한다. 국어도 마찬가지!

민우는 문학작품 속에서도 닭들을 발견했다. 이육사의 시 〈광야〉에서 '어디 닭 우는 소리 들렸으랴'라는 구절을 짚어 냈고, 김유정의 〈동백꽃〉에서는 점순네 수탉이 우리 집 닭을 쪼아 대는 장면을 인상 깊게 보았다. 문학작품 곳곳에 많은 닭이 꼬꼬댁거리고 있다는 사실을 민우는 닭치면서 알았다. 민우에게 닭은 국어라는 막막한 사막을 헤쳐 나오게 해 준 오아시스였다.

뽕샘의 공부법 콕콕!

전공적합성으로 의대 가는 방법

민우의 공부법 포인트는 전공적합성이다. 전공에 대한 확신을 갖고 모든 활동을 여기에 맞췄다. 예를 들어, 민우의 국어과목 생활기록부 세부특기사항을 보면 잘 알 수 있다. 백석의 시 〈고향〉에 나오는 의원(의사)이 마음을 치유해 주는 이야기를 직업윤리와 연관시켜 의학과 연결했다. 그리고 이태준의 소설 〈돌다리〉에 나오는 아들을 통해서 물질적 가치만을 중시하는 의사의 문제점을 제기했다. 이것을 정신적 가치를 중시하는 아버지의 삶과 비교하며 진정한 의술을 실천하는 방안이 무엇인가를 생각해 보게 되었다고 정리했다. 전공적합성을 고려한 이런 정리는 국어뿐만이 아니었다. 모든 교과목을 의학과 연계하여 구체적이면서도 폭넓게 의

학과 연계하는 전략을 세워 나갔다. 특히, 생물과 화학 과목에서 민우가 세운 전공적합성 전략은 세 단계로 이뤄졌다.

첫 번째는 의학을 전공할 것이라는 명확한 목표! 두 번째는 매우 체계적으로 뒷받침된 생물과 화학 선생님의 전공 지식! 세 번째는 학기가 마무리될 때마다 철저하게 보완해서 세부특기사항 작성! 말은 간단하지만 이 과정이 절대 쉽지 않다. 전공에 대한 철저한 로드맵이 있고 일관되게 실천해 나갈 수 있을 때 가능하다.

전공적합성은 아무도 알지 못하는 특별한 공부법이 아니다. 그런데 아직까지도 취지를 잘못 이해하고 있거나, 알면서도 실천하지 못하는 경우가 많다. 민우가 명확하게 의학 전공을 선택할 수 있었던 이유 그리고 그 꿈을 이루기 위해 공부에 집중할 수 있었던 비결은 자신이 진짜 좋아하는 일을 찾았기 때문이다. 민우에게 닮기는 진로를 선택하게 하고, 원하는 꿈을 이루게 한 전공적합성이었던 것이다.

민우처럼 고교 입학 전에 전공에 대해 확실한 로드맵을 짜라. 고교에서는 전공적합성을 고려한 공부를 해야 한다. 그러면 꿈이 명확해지고, 진로를 선택할 때 주저하지 않을 수 있다.

공부에는 오기가 필요하다

몰입의 시작은 깊은숨 내쉬기

'오기'라는 말의 어원에는 다양한 설이 있다. 중국 오나라에 기라는 사람에게서 유래되었다고도 하고, 춘추전국시대 위나라에서 태어난 인물의 이름이라는 설도 있다. 기록마다 약간 차이가 있지만 오기라는 인물이 독종이었던 것만은 분명해 보인다.

오기는 벼슬을 구하려다가 천금을 날린다. 아버지가 오기 때문에 화병으로 죽은 뒤, 오기는 자신을 비웃던 사람들 30여 명을 살해한다. 이를 알고 어머니가 오기를 크게 꾸짖자 그는 자신의 팔을 물어뜯으며 재상이 되기 전까지는 절대 찾아오지 않겠다고 맹세한다.

이후 오기는 병법을 익혀 노나라에서 벼슬을 얻었다. 그 무렵에 제나라가 노나라를 침략했다. 노나라 조정에서는 오기의 재능을 알면서도, 그의 아내가 제나라 출신이라는 이유로 선뜻 장군으로 쓰기를 망설였다. 이 소식을 들은 오기는 아내의 목을 베고 대장군 자리에 올라 제나라와 맞서 싸웠다고 한다. 실제 역사와 야사가 혼재되어 정확한 실체는 알 수 없으나 오기라는 사람이 대단히 독한 사람이었던 것만은 사실인 것 같다.

한아네는 매우 가난했다. 14평짜리 아파트에서 네 식구가 살다가 시골에서 혼자 농사짓던 할머니가 경운기에 치이는 사고가 나서 모시게 되었다. 그 바람에 다섯 식구가 되었고 한아는 자기만의 방은 꿈도 꾸지 못한 채 거실 한쪽의 냉장고 옆에 앉은뱅이책상을 놓고 공부해야 했다.

"제 방은 그만두고 오빠가 쓰는 책상 같은 거 하나만 있어도 소원이 없겠다 싶었어요."

대학에 합격하고 나서 아르바이트를 하며 번 돈으로 나에게 순대국밥을 사 주며 한아는 눈물을 글썽거렸다.

한아… 오기의 소녀.

가만 있자, 내가 한아를 어떻게 만났더라.

외고에 다니던 민주가 친구의 논술 답안을 첨삭해 달라고 조심스럽게 부탁을 했다.

"뽕샘, 우리 반에 한아라는 독종이 있는데요. 어휴, 이 독한 것이 선생님께 논술 첨삭 한 번만 받게 해 주면 수행평가를 다 해 주겠다며 부탁하네요. 말이 부탁이지 안 해 주면 저 죽어요."

"글쎄, 그건 좀 곤란한데…, 첨삭이 너무 밀려 있어서…."

"어휴, 선생님 안 돼요. 걔 부탁 안 들어주면 아침마다 우리 집 앞에 서 있을 거라고요."

민주는 겉으로 웃고 있었지만 어딘지 모르게 표정이 어두웠다. 그러면서 내 앞에 조심스럽게 원고지를 내밀었다. 나는 안면 없는 학생의 논술 답안까지 첨삭해 줄 여력이 없어서 고개를 저었다. 며칠 후 민주가 다시 와서 사정했다.

"아! 뽕샘, 진짜 저 좀 살려 주세요."

"왜 그래? 무슨 일 있어?"

"걔가 아침마다 진짜 저 찾아와요. 선생님께 수업 듣고 연세대에 합격한 선배한테서 논술은 선생님 수업이어야 한다는 말을 들었나 봐요. 자꾸 저한테 첨삭 받아 오래요."

"그럼 직접 찾아오라고 그래."

"저기 그게 그러니까…."

민주는 누가 듣기라도 하면 큰일 난다는 듯이 주위를 살피며 조심스럽게 말했다.

"걔가… 돈이 없대요."

그 순간, 왠지 언젠가는 내가 그 학생의 논술 답안을 첨삭해 주게 될 것 같다는 심상치 않은 느낌이 들었다.

민주가 전해 준 한아의 논술 답안을 읽어 보니 제시문 분석이 매우 뛰어나고 출제 의도도 충실히 반영돼 있었다. 다만 논술 답안의 문장으로는 부적절한 표현이 눈에 띄었다.

1. 주술관계의 모호성

제시자료를 보면, 환경부는 우리나라 하천의 평균 수질을 3등급으로 판정했으며, 지난 6월에 실시한 수질검사에서는 강원도 지역에서도 인체에 치명적인 중금속이 검출되었다.

→ 이 문장은 특별한 문제점이 없는 것처럼 보인다. 어떤 부분이 문제가 되는지 찾지 못하는 학생들에게 이 문장의 주어가 무엇인지 파악하도록 하면, '환경부'라고 하는 경우가 많고, 일부 학생들은 '수질검사'라고 한다. 학생들의 글을 읽다 보면, 주술관계의 호응관계, 문장주체의 생략, 부적절한 서술어 사용 등에서 가장 많은 실수를 범한다. 주술관계 사용이 모호하다면 먼저 문장의 주어를 파악하고 그에 따른 서술어를 살펴보면 된다.

이 문장의 주어는 '환경부'이다. 그렇다면 '환경부는~ 판정했다, 환경부는~ 검출되었다.'가 된다. 여기에서 학생들에게 문제점을 찾아보라고 하면, '환경부는~ 검출되었다.' 부분이 잘못되었다는 것은 쉽게 찾아낸다.

그러나 '환경부는~ 판정했다.'라는 문장의 오류는 미처 찾아내지 못한다. 환경부는 정부기관으로서 어떤 사항을 판정할 수는 없다. 환경부의 관계자가 판정했을 것이다. 무정명사는 어떤 행위의 주체가 될 수 없다. 유정명사(사람이나 동물)를 제외한 다른 대상은 모두 무정명사로 서술어를 사용할 때 특히 유의해야 한다.

'세종시에서는 3월부터 불법주차 단속을 강화하기로 하였다.'가 아니라,

'세종시 도로교통 담당자는 3월부터 불법주차 단속을 강화한다고 발표하였다.'가 정확한 표현이다.

글쓰기를 체계적으로 준비한 학생들도 이런 실수를 자주 범한다.

2. 의문형(설의적) 표현의 남발

우리는 흔히 갈등을 부정적으로만 보는 경향이 있다. 그러한 갈등은 과연 나쁘기만 할 것인가? 또한 갈등은 우리 삶에 부정적인 영향만 주는 것일까?

→ 의문형 문장이 반드시 불필요한 것은 아니다. 상황에 따라서는 자신의 주장을 강화하기 위한 표현으로 사용할 수 있다. 하지만 입시 글쓰기는 많은 독자를 대상으로 하는 글이 아니라, 대입 수험생이 대학교수가 요구하고 평가하는 글에 답변하는 시험이다. 특히 이전의 글쓰기와는 달리 점차 요약형, 약술형이 강화되는 현재 글쓰기시험에서는 의문형 문장은 피하는 것이 좋다. 많은 대학의 입시 담당자가 글쓰기가 끝난 후에 발표하는 자료를 보면, 설의적 표현에 대한 지적을 하는 경우가 많다. 처음 글쓰기를 접하는 학생들이라면 이 부분을 유념하자.

3. 상황 설정을 통한 근거 예시

예를 들어, 취업에 실패하여 오랜 시간을 취업준비에만 매달리며 은퇴한 부모에게 의존하는 경우도 있다. 취업의 눈높이를 낮추지 못하고 대기업만 선호하면서 중소기업 따위는 거들떠보지도 않는 경우도 많은 것이다.

→ 글쓰기시험은 명확한 주장과 적절한 근거가 필요하다. 간단명료한 주

장은 많은 연습을 통해 체계적으로 갖춰 나갈 수 있다. 여기서 유의할 점은 글쓰기의 핵심은 주장에 있는 것이 아니라 그 주장을 뒷받침하는 근거에 있다는 점을 고려해야 한다는 것이다.

짧은 제시문을 통해 이끌어 낼 수 있는 주장은 제한되어 있다. 그 주장을 뒷받침할 수 있는 참신한 근거가 있어야 한다. 그런데 이 참신성은 객관성을 바탕으로 해야 한다는 점을 고려해야 한다. 자신의 주장을 뒷받침하기 위해 특정한 상황을 설정하여 예를 드는 것은 결정적인 감점 요인이 된다.

논제에서 '구체적인 예를 들어 설명하라'는 조건이 있다 하더라도 그것은 객관적인 근거를 말하는 것이지 상식적으로 볼 수 있는 우리 주변의 상황을 설정하여 제시하라는 것은 아니기 때문이다.

그런데도 이런 문제는 쉽게 고쳐지지 않는다. 심지어 자신의 과거를 돌아보면서, '중학교 3학년 때의 일이다. 우리 반에서 일어나는 학교 폭력은 매우 심각하여 3명의 학생이 전학을 간 경우도 있다.'는 식의 근거를 예시로 드는 경우도 있었다.

객관적인 근거가 필요하다면 학교에서 배운 교과서의 내용을 생각해보자. 정치, 경제, 사회, 문화, 과학, 기술, 예술 등의 교과목에 다양하고 객관적인 자료가 가장 체계적으로 정리되어 있다.

4. 막연한 결론

이와 같은 문제도 상대방에 대한 배려를 통해 해결될 수 있을 것이다. 자신의 주장과는 다른 상대방에 대한 이해는 모든 문제해결의 첫걸음인 것이다.

→ 글쓰기시험은 출제자가 요구하는 논제를 제시문에 근거하여 답변하는 것이 가장 기본이라 할 수 있다. 어떤 면에서 보자면 주장은 참으로 당연한 주장일 수밖에 없다. 문제는 그 당연한 주장이 막연하게 마무리되어서는 안 된다는 점이다.

'상대방에 대한 배려를 해야 한다.'가 아니라 어떻게 배려해야 할 것인가를 구체적으로 제시해야 한다. '이제 통일문제에 더 주도적으로 나서야 할 때다.'라고 마무리할 것이 아니라, 어떻게 해야 통일문제에 주도적일 수 있는지를 제시해야 한다. 주장은 있으나 근거가 부족하고, 주장은 있으나 누구나 뻔히 아는 상식에 머물고, 주장은 있으나 구체성은 없는 경우가 많다.

글쓰기시험은 단순한 상식이 아니라, 보편적인 상식에 근거하여 자신의 주장을 어떻게 발전시켜 나갈 것인지를 묻는 것이다. 위에 제시한 예시문은 많은 수험생의 글에서 비슷하게 나오는 결론이었다. 제시문에 근거하여 이 정도로 써 낼 수만 있어도 사실은 안정적인 답안이라 할 수 있다. 그런데 글쓰기시험을 시행하는 대부분의 대학에 지원하는 수시 경쟁률을 보면, 상식적인 수준으로 준비해서는 뚫기 어려울 정도로 치열하다는 것을 알 수 있다.

글쓰기시험을 시행하는 서울 소재 중상위권 대학의 경쟁률은 더욱 세질 것이다. 보편적인 상식을 바탕으로 하되 보다 더 구체적인 내용을 제시해야 한다. '성실하게 살아야 한다.'가 아니라 '어떻게 해야' 성실하게 살 수 있는지를 제시해야 한다.

5. 양비론적 관점, 절충적인 결론

성선설은 인간의 본성을 지나치게 낙관하는 면에서 부정적이다. 그런데 성악설 역시 인간을 지나치게 나쁘게만 본다는 점에서 부정적이다. 인간의 본성은 어느 하나로 단정할 수 없다. 인간에 대한 이해를 바탕으로 인간의 선한 품성을 중시하되 후천적인 교육을 통해 바로잡는다는 성악설의 입장도 존중되어야 한다.

➡ 최근 글쓰기시험의 주요한 특징 중에 하나는 '제시문을 바탕으로 하여 어느 하나의 입장에서 자신의 견해를 말하라.'는 것이다. 이런 글쓰기 문제 유형에서 가장 결정적인 감점 요인은 적당한 수준에서 절충하여 제시하는 것이다. 수능의 객관식 5지선다형을 훈련받은 학생들에게 하나를 고르라는 것은 그리 어려운 일이 아니다. 문제는 그 하나의 입장만 좋은 것이 아니라, 다른 입장도 명백하게 올바르게 보일 때 갖게 되는 고민이다. 5지선다형은 다소 모호할 때도 있지만, 그래도 ①번이 답이라면, 그것이 ②, ③, ④, ⑤의 다른 답지와는 분명히 다른 근거가 있기 때문에 선택할 수 있다.

그런데 글쓰기시험에서의 제시문은 5지선다형처럼 정답의 근거가 한 답지에만 있는 것이 아니라 모든 답지에 정답의 요소가 충분하다. 이런 고민 끝에 나오는 것이 양비론적인 평가나 절충적인 시각이다. 논제에 따라서 양비론적 관점이나 절충적인 시각도 필요하지만, 하나의 명확한 입장을 취하는 것이 바람직하다. 특히 논제에서 '하나'의 입장을 조건으로 한다면 반드시 하나의 입장으로 확실하게 전개해 나가야 한다. 글쓰기의 명확성은 표현의 간결성도 있지만 입장의 명확성에 있다는 점을 고려해야 한다.

나는 최대한 꼼꼼하게 첨삭해서 민주에게 건넸다. 첨삭을 해 준 다음 날 민주는 아주 조그마한 여학생 한 명을 데리고 나타났다.

"선생님, 안녕하세요? 민주 친구 강한아입니다."

한아는 마치 여군 장교처럼 강인한 말투로 내게 인사했다. 나는 그때 보았다. 도저히 열아홉 살이라고 믿기지 않는 한아의 아우라. 그 누구도 넘볼 수 없는 카리스마를. 한아는 너무도 자연스럽게 민주에게 지시를 하고 있었다.

"민주야, 넌 잠깐 나가 있어. 내가 선생님께 말씀드릴게."

한아의 말에 민주는 어정쩡한 자세로 내 눈치를 보며 상담실 밖으로 나갔다. 그런데 참 이상했다. 이 당돌한 여학생의 눈빛을 마주하는 순간 나도 모르게 자꾸 긴장이 되었다. 한아는 내 눈을 뚫어지게 바라보며 입을 열었다.

"선생님, 어제 연대 논술 첨삭해 주셔서 고맙습니다."

"어? 아아, 그… 그래. 어떻게 도움은 좀 되었어?"

"예, 그런 식의 논술 첨삭은 처음 받아 봐서 기분은 조금 나빴지만 큰 도움이 되었습니다."

"어, 그래. 그런데 오늘은 왜 갑자기…?"

"예, 선생님. 제가 대학에 합격하고 나면 아르바이트를 해서 갚겠습니다. 저 선생님의 논술 수업을 꼭 듣고 싶습니다."

분명히 나에게 부탁을 하고 있었으나, 너무나 당돌했다. 상식적인 부탁의 말투나 자세가 아니었다. '당신은 나를 가르쳐야만 한다.'는 단호함이 물씬 풍겼다.

나는 한아의 그 강렬한 눈빛이 부담스러워서 자꾸만 시선을 옆으로 돌렸다. 내가 선생으로서 학생들의 학업 성취 정도나 심리 상태를 파악하기 위해 관찰하는 경우는 많았어도, 반대로 내가 관찰을 당하고 있다는 느낌을 받은 것은 처음이었다.

"저는 어차피 재수는 못합니다. 올해 무조건 대학에 갑니다. 그것도 연대. 고등학교 입학 전부터 연대 심리학과로 정했습니다. 지금은 수강료를 못 내지만 제가 꼭 갚도록 하겠습니다. 저는 민주가 수업 듣는 토요일 19시 외고특별반 수업을 듣겠습니다."

이미 모든 것은 결정이 난 상태였다. 나는 한아의 말투가 끝내 낯설었다. '다나까'로 끝나는 군대식 말투도 그렇고 '저녁 7시'가 아닌 '19시'라고 표현하는 것도 낯설었다.

"저기 그 반은 이미 학생이 다 차서 더 들어가기가 어려운데…."

"제가 아까 낮에 학교에서 다른 아이들에게 다 말을 해 놨습니다. 누구도 반대하는 아이가 없었습니다."

나 원 참! 이미 다른 학생들과 학교에서 조율까지 했다니! 가르치는 나도 한아의 강렬한 눈빛과 꼿꼿한 자세에 주눅이 들었는데 또래 아이들은 오죽했을까. 감히 한아의 뜻을 거역할 수 없었을 게 뻔했다.

한아는 그렇게 내 논술 수업을 듣게 되었다. 한 반을 형성해서 수업하다 보면 토론 분위기나 첨삭 의견 등에서 어느 정도의 먹이사슬 관계가 이뤄진다. 그 관계 속에서 학생들의 성향이나 장단점도 드러나게 마련이다. 하지만 한아가 논술 수업에 합류하자 기존에 형성되었던 모든 수업의 기류는 한아 중심으로 바뀌어 갔다. 그리고 한아가 오고 나서 외고 3학년 논술특별반이 두 반이나 추가로 형성되었다. 민주 왈, 한아가 학교에 가서 내 성대모사까지 하면서 자신이 들었던 내용을 칠판에 써 가며 다른 학생들에게 이야기한다는 것이다. 이건 오직 한아이기에 가능한 일이었다.

"어휴, 선생님, 한아 그 미친…. 연대 논술 쓰는 애들은 더 이상 우리 학원에 오면 안 된대요. 자기랑 경쟁 상대가 되면 안 되기 때문에 절대 오지 말래요. 그러면서 자기는 다른 학교는 어차피 안 갈 거니까 연대 안 갈 애들은 논술 수업을 들으려면 꼭 선생님 수업을 들어야 한다고 난리를 쳐요."

민주는 한아에 대해 뒷말을 했지만, 표정은 밝아 보였다.

한아와의 논술 수업은 긴장의 연속이었다. 혹시라도 수업 중에 내가 어떤 실수를 하면 어쩌나 해서 여러 차례 강의 내용을 점검하고 들어가야만 했다. 한아는 수업 참여가 늦어진 것을 보상이라도 받겠다는 듯이 자신이 부족한 점은 무엇을 더 해야 하냐며 끝없이 과제를 요구했다. 선생이 과제를 내고 학생이 투덜거리는 것이 아니라, 학생의 요구에 따라 끝없이 과제를 주어야만 하는 상황이었다.

내신과 수능 1등급을 받아 서울대에 가려는 학생들도 과제는 부담스러워했다. 그런데 한아는 끝없이 과제를 요구했다. 나두 질 수 없다는 생각에 조금 무리가 간다 싶을 정도로 많은 과제를 냈다. 학생과 오기를 부리면서 수업을 해 보기는 난생처음이었다. 그렇게 몇 개월 동안 외상 수업을 하며 지나갔다. 수능도 끝나고 11월 말에 연세대 논술에 집중하고 있을 때였다. 피곤한 몸을 이끌고 간신히 집에 도착했는데 휴대전화가 울렸다.

"저기 원장님, 안녕하십니까? 저는 한아 아버지 되는 사람입니다."

"아! 예, 아버님. 안녕하세요?"

"제가 지금 학원에 왔는데 아무도 없어서 전화드렸습니다. 제가 내일은 또 산지를 내려가 봐야 해서… 죄송합니다."

"예? 아버님. 무슨 일이신데 그러시나요?"

"한아 수업료를 내려고 합니다. 밤늦은 시간에 죄송합니다."

나는 한아 아버지의 간곡한 말투에 가만히 있을 수가 없었다. 옷을 챙겨 입고 학원으로 나갔다. 불이 꺼진 학원 앞에 아주 왜소한 장사꾼 차림의 중년 남성이 서성이고 있었다.

"안녕하세요? 혹시 한아 아버님이신지요?"

"아 예? 원장님, 죄송합니다. 제가 지금 바로 장거리 운전을 또 뛰어야 해서…."

한아 아버지는 90도로 허리를 숙여 나에게 인사했다. 그리고 주머니에서 봉투를 꺼냈다.

"원장님, 죄송합니다. 자식을 맡겨 놓고 진작 찾아뵙고 인사를 드렸어야 하는데 정말 죄송합니다."

한아 아버지는 다시 허리를 굽히며 나에게 봉투를 건넸다. 나는 어정정한 자세로 그 봉투를 받았다. 한아 아버지는 급하게 돌아섰다. 나는 너무 당황해서 한아 아버지를 따라 내려갔다.

"저기 아버님. 잠시 차라도 한잔하고 가시지요."

"원장님 정말 죄송합니다. 트럭에 친구가 기다리고 있어서 다음에 꼭 찾아뵙겠습니다."

한아 아버지는 그렇게 급히 자리를 떴다. 나는 봉투를 들고 상담실로 들어왔다. 하얀 편지봉투를 열자 만 원짜리가 여러 장 들어 있었다. 그런데 그 사이에 배춧잎 몇 장이 붙어 있었다. 나는 그 배춧잎을 보는 순간, 봉투 속의 돈이 어떤 돈인지 짐작할 수 있었다. 밤늦은 시간까지 장사를 하고 다시 산지로 물건을 가지러 내려가면서, 어린 딸의 수업료를 내러 온 아버지의 정성과 사랑이 가득 담긴 돈이었다. 거기에 얼마나 많은 땀과 얼마나 깊은 한숨이 배어 있을지 생각하니 마음이 아렸다. 가난하고 늙은 아버지가 똑똑한 딸만큼은 제대로 가르쳐 보자는 생각에, 밤잠을 설쳐 가며 야간 운전을 하고 있을 모습이 선명하게 그려졌다.

나는 한아 아버지와 내 아버지 얼굴이 자꾸 겹쳐져서 감정을 추스를 수가 없었다.

고교 시절, 늦은 가을이었다. 학교 친구들과 정문을 나오고 있는데 저만치 아주 낯익은 노인네가 보였다. 등에 무언가를 짊어진 아버지였다. 아버지는 낯선 도시에서 젊은 학생들을 하나하나 살피면서 주눅 든 표정으로 두리번거리고 있었다. 나는 혹시라도 아버지 눈에 보일까 봐 얼른 학교 쪽으로 뛰어 들어가 몸을 숨겼다. 그러고는 남몰래 정문 앞에서 아버지를 살펴보았다. 친구들이 모두 사라지고 어둑해졌을 무렵에서야 나는 아버지에게 다가갔다.

"연락도 없이 왜 오셨어요?"

나는 인사도 하지 않고 짜증부터 부렸다. 혹시 누군가 나를 알아볼까 봐 아버지에게 거리를 두고 서 있었다. 아버지는 나에게 줄 쌀과 김치를 들고 오신 것이었다. 그때만 해도 택배 같은 것이 변변치 않았다. 휴대전화도 집전화도 없었던 시절, 넉 달 가까이 집에 내려가지 못했을 때였다. 아들이 걱정돼서 무작정 올라온 아버지는 겨우겨우 내 자취방을 찾아갔지만, 방세를 내지 못해서 쫓겨난 상태였던지라 헛걸음만 했다. 나는 그때 친구 집에 단출한 짐만 맡기고 독서실 총무로 일하고 있었다. 아버지는 내가 아르바이트를 하던 독서실에 쌀과 김치를 내려놓고 막차를 타기 위해 버스 정류장으로 갔다. 거기에서 아버지는 나에게 만 원짜리 열 장을 건네주셨다.

"밥은 꼭 챙겨 먹어라."

지긋지긋한 밥. 아버지는 나를 만나면 "밥은 먹었니?" 그 말밖에 할 줄 몰랐다. 버스가 멀리 사라질 때까지 나는 한참 그 자리에 서서 아버지가 떠난 길을 바라보았다.

나는 아버지가 주신 돈을 세다가 독서실 계단에 털썩 주저앉았다. 어떤 사연이었을까. 만 원짜리 지폐에 피가 묻어 있었다. 아버지는 참으로 잔인한 사람이었다. 그 늦은 시간에 연락도 없이 갑자기 나타나서 잠시 앉아 밥 한 끼 같이하지 못했는데, 그런 돈을 덥석 주고 가면 나는 어떻게 살란 말인가? 가슴이 북받쳐서 참을 수가 없었다. 나는 아버지에 대한 원망과 미안함과 짜증과 고마움이 뒤죽박죽되어서 한참을 어두운 계단에 쪼그려 앉아 울었다.

지폐 사이에 붙어 있던 한아 아버지의 배춧잎이 내 마음에 또다시 불을 지폈다. 나는 한아 못지않은 오기로 녀석에게 논술을 가르쳤다. 한아가 오기를 부리면 부릴수록 나는 더욱더 독하고 매섭게 첨삭을 했다. 나는 도저히 감당하기 어려운 과제를 냈고, 한아는 질 수 없다는 듯이 과제를 해 왔다.

마침내 결과가 나왔다.

오기의 소녀 한아는 100대 1이 넘는 경쟁률을 뚫고 연세대 심리학과에 합격했다.

대학에 합격하자마자 한아는 감자탕집에서 아르바이트를 했다. 그리고 월급을 받자마자 수강료를 내겠다며 찾아왔다. 나는 이미 모든 것을 받았다고 했으나 한아는 한사코 수강료를 내 손에 쥐어 주었다. 나는 원장실 서랍에 고스란히 넣어 둔 봉투를 꺼냈다.

"한아야, 이게 혹시 뭔지 알아?"

한아는 고개를 저었다. 나는 더는 말을 이을 수가 없어서 망설이고 있는데, 한아의 눈빛이 흔들렸다. 봉투에 새겨져 있는 '동부청과야채'를 본 것이다.

"선생님, 혹시… 우리 아버지가 왔었습니까?"

나는 말없이 고개를 끄덕였다. 한아의 눈빛이 아까보다 더 심하게 흔들렸다.

한아 아버지는 27년 동안 군대에서 부사관으로 복무했다고 한다. 전역한 후에 청과야채사업을 시작했으나 1년도 안 되어 퇴직금을 모두 날리고 신용불량자가 되었다. 자신의 이름으로는 통장도 마음대로 개설할 수 없어서 직접 산지에 내려가 야채를 싣고 마을을 돌아다니며 판다고 했다.

"어휴, 그 노인네 진짜! 왜 그렇게 사는지 모르겠습니다…."

한아는 입술을 꽉 깨물고 크게 한숨을 내쉬었다. 나는 그 순간 문득 우리 아버지가 떠올라서 나도 모르게 눈앞이 흐려졌다. 하지만 오기의 소녀 한아는 울지 않았다. 그 또래 아이답지 않게 아버지를 아빠라고 부르지 않고, 꼬박꼬박 '아버지' '노인네'라고 칭하는 한아. 공부를 잘하는 방법 외에는 지긋지긋한 집을 벗어날 수 없다는 사실을 너무도 잘 아는 아이. 한아는 여러 면에서 나와 닮았다.

한아는 대학 입학을 하기 전까지 밀려 있던 수강료를 모두 냈다. 나는 한아 덕분에 수강생이 늘어났으니 받지 않겠다고 극구 사양했지만 한아는 정확하게 모든 금액을 납부했다. 그리고 나에게 조심스럽게 부탁했다.

"선생님. 제가 기숙사에 합격하지 못해서 고시원에 살아야 할 것 같습니다. 보증금을 조금 내면 월세가 싼 방이 있는데…."

한아는 그다음 말을 잇지 못했다. 나는 금고에 보관하고 있던 한아

아버지의 봉투를 그대로 넘겨주었다. 그리고 한아의 눈을 피해 조심스럽게 말했다.

"한아야, 나도 부탁이 있어. 너도 이제 대학생이 되니 말투를 조금 더 부드럽게 했으면 한다는 것. 그리고… 눈빛의 독기를 조금은 풀고 살았으면 좋겠다는 것. 세상은 오기와 독기로만 살 수는 없거든…"

나는 한아의 눈치를 살폈다.

"선생님, 시험 기간이 되면 저는 집에서도 교복을 잘 벗지 않습니다. 그 이유를 아십니까?"

"그런 줄 몰랐네. 왜 그런 거야?"

"그래야 긴장감을 유지할 수 있습니다. 그리고 저는 학교 야자가 12시에 끝나도 반드시 집까지 걸어갑니다. 매일 두 시간 정도 걸어가면서 운동도 하고 그날 배운 내용을 머릿속에 모두 정리합니다. 공부 외에 다른 것은 신경을 쓰지 않아야 다른 부잣집 애들이랑 한번 싸워 볼 수 있지 않겠습니까."

"한아야, 세상은 그런 오기로만 살 수 있는 게 아니라서…"

"가끔 애들이 물어봅니다. 어떤 책으로 공부를 해야 국어 1등급을 유지할 수 있냐고… 저는 그 애들이 가지고 있는 참고서를 빌려 베껴 써서 제 것으로 만드는데… 애들은 말해 줘도 모릅니다. 공부에 비법이 어디 있습니까? 제가 돈을 주고 살 수 없는 참고서를 베껴서 저만의 공책을 만드는 것이고, 혼자서 밤길을 걸어가며 그걸 계속 생각하고 정리하는 거지요."

"그렇게 밤길을 혼자 걸어가면 무섭지 않아?"

"무서울 게 뭐 있습니까? 시험을 망쳐서 장학금을 받지 못하고 원하는 대학에 가지 못해서 이 집을 떠나지 못하는 게 제일 무섭습니다."

한아는 실제로 밤길을 걸어가다가 험상궂은 남자아이들에게 둘러싸인 적도 있다고 했다. 그런데 한아가 악을 쓰고 눈을 부릅뜨자 그들이 물러났다고. 아마도 한이의 그 살벌한 눈빛을 보고 도망치지 않을 사람은 없을 것이다.

세상일은 오기만으로 되지 않는다. 하지만 공부를 할 때는 오기가 필요하다는 것을 한아를 통해 알았다. '억지가 사촌보다 낫다.'는 말이 있다. 하기로 마음먹으면 못할 일이 없다. 오기는 그 어떤 무기보다 강하게 작용해서 꿈을 이뤄 줄 수 있다.

봉샘의 공부법 콕콕!

몰입의 시작은 깊은숨 내쉬기

어떻게 해서라도 집을 벗어나고 싶었던 한아는 독종의 오기 소녀가 되었고 오기는 뚜렷한 목표를 만들었다. 그리고 목표는 놀라운 몰입을 가져왔다. 한아의 몰입에는 뚜렷한 특징이 있었다. 그것은 공부를 할 때 머리만 쓰는 것이 아니라 온몸을 사용한다는 것이었다. 누구나 한 가지에 집중하여 몰입하는 공부를 하고 싶어 한다. 하지만 몰입도가 뛰어난 학생이라 하더라도 15분 이상을 한 자세로 유지하며 공부하기가 어렵다. 그런데 한아는 50분 동안 자세를 전혀 흐트러뜨리지 않았다. 엉덩이를 의자에 바짝 붙이고, 허리를 꼿꼿이 펴고, 시선은 책과 선생님을 번갈아 두는 정도.

수업 시간에는 이런 한아의 아우라에 눌려 농담하는 학생도 없었다. 한아는 다른 학생이 질문을 할 때도 옆을 돌아보지 않고 책과 칠판을 바라보았다. 석고상 하나가 앉아 있는 듯했다. 어떻게 그런 몰입이 가능했을까? 한아는 일단 공부가 시작되면 길게 호흡을 들이마시고 아주 천천히 숨을 내쉬었다.

"평상시에 호흡을 한다고 의식하는 사람은 없잖아요? 그런데 깊은숨을 들이마시는 것만으로도 다른 잡념을 다 떨쳐 낼 수가 있어요. 아주 천천히 숨을 들이마시고 그것보다 더 천천히 숨을 내쉬다 보면 눈이 정말 맑아지는 순간이 와요. 쉴 휴(休) 자 아시죠? 큰 나무 아래 기대어 앉아 있는 사람의 모습. 그 순간이 그려지고 눈이 맑아지면 그때부터 공부에 집중할 수 있습니다."

몰입은 의지만으로는 할 수 없다. 머리만 쓴다고 해서 되는 일도 아니다. 몸과 마음을 편안하게 하고 자신의 뜻대로 움직일 수 있어야 제대로 된 몰입이다. 그래야 제대로 집중할 수 있다.

한아를 통해 확인한 또 하나의 몰입법은 '쉬는 시간 활용하기'다. 대부분의 학생은 쉬는 시간에 엎드려 잠을 자거나 친구들과 수다를 떤다. 혹은 금방 배운 내용을 복습하거나 자투리 시간을 이용해 공부를 한다. 그런데 한아는 쉬는 시간에 무조건 산책을 했다.

"그 짧은 시간에 예습 복습하기는 무리입니다. 50분간 죽어라 공부하고 10분 쉬는 시간에 또 다른 공부를 할 수 있습니까? 그러면 오히려 수업 시간에 집중도가 떨어집니다."

한아는 무조건 밖으로 나간다고 했다. 그리고 가급적이면 나무 아래로 가서 수업 시간에 조용히 했던 깊은숨쉬기를 한다. 누구 눈치도 보지 않고 아주 크게 숨을 내쉬고 어깨와 허리도 돌려 보고 최대한 몸을 풀고, 자신 있게 깊은숨을 내쉬고 긴장을 풀어 준다. 그렇게 몸을 풀고 마음을 비운 다음 수업을 들으면 50분간 온전히 몰입해서 수업에 집중할 수 있다.

몰입은 공부의 핵심이다. 몰입만 할 수 있다면 어떤 어려운 공부도 효과적으로 해낼 수 있다. 그 어떤 외부적인 환경에도 흔들리지 않는 확실한 몰입법은 자신 있게 깊은숨쉬기. 몸과 마음을 충분히 이완시키는 이 방법을 꼭 써먹기를 권한다.

현정이 효과를 아십니까

단순해야 핵심이 잡힌다

법학전문대학원(로스쿨)이 생기면서 고려대학교 법학과가 사라졌다. 고려대 법학과는 어지간한 서울대 인기 학과보다 들어가기가 어려웠다. 그리고 고려대 법학과만큼이나 인기 좋은 학과가 바로 미디어학부다. 현정이는 중학생 때부터 고려대 미디어학부를 목표로 공부했다. 그래서 서울대와 고려대 둘 다 합격했을 때, 잠시도 망설이지 않고 고려대를 선택했다.

현정이의 첫인상은 단아함 그 자체였다. 자세도 단정하고 눈빛도 총명하고 한눈에 봐도 모든 면이 똘망똘망해 보였다. 한 올도 흐트러지지 않은 단발머리에 무엇 하나도 놓치지 않겠다는 듯한 동그란 눈동자 똑똑한 여학생의 전형적인 모습이었다.

이런 학생에게는 질문의 방식이 조금 달라야 한다. 국어 점수가 몇 점이냐, 내신 몇 등급이냐를 물어보는 것이 실례가 될 수 있다. 나는 지극히 존경하는 눈빛으로 조심스럽게 물었다.

"요즘 어떤 책을 읽고 있니?"

"사막의 여우 롬멜 장군이요."

"뭐?"

나는 순간적으로 당황해서 현정이를 바라보았다. 갑자기 롬멜 장군이 왜 나오는 거야? 틀림없이 이 아이는 규철이(이 책의 일곱 번째 이야기 〈국어의 여우 규철이〉의 주인공) 어머니 소개로 온 학생이라는 것을 바로 알 수 있었다.

"그 책을 읽으면서 무슨 생각을 했어?"

"으음… 단순함의 힘?"

"롬멜 장군이 그런 말을 했어?"

"아뇨. 그냥 그런 생각을 했어요."

현정이는 대답도 간결하고 명확했다. 이런 학생은 지필 테스트를 보고 진로 상담을 할 것도 없었다. 이미 학생의 마음속에 답은 정해져 있고 나는 그냥 열심히 가르치면 되는 일이었다.

"국어 내신도 1등급이고 수능도 1등급인데 굳이 학원에 다니려는 이유는 뭐야?"

"내신은 혼자 해도 되는데, 가끔씩 비문학 독서 지문에서 틀릴 때가 있어요."

"비문학? 어떤 문제에서?"

"어지간한 문제는 상관이 없는데 인문사회 내용 일치 문제를 가끔씩 틀려요."

현정이는 자신의 문제점도 정확하게 파악하고 있었다. 상담을 하다 보면 학생의 학습 성취도를 비교적 정확하게 분석할 수 있다. 특히 자신이 어느 분야에 약한지를 구체적으로 알고 있는 학생은 해결 방안도 명쾌해진다. 예를 들어, 국어 공부에서 무엇이 문제냐고 물었을 때 "그냥 다 어려워요." 이렇게 대답하는 학생은 6등급 이하일 가능성이 높다. 국어 공부의 맥을 잡지 못하는 학생은 그냥 모든 것이 막연하게 느껴지므로 성적이 썩 좋지 않다.

"저는 문법이 가장 어려워요."라고 대답하는 학생은 4~5등급 정도일 가능성이 높다. 물론 다른 영역을 비교적 잘해서 3등급 이내인 경우도 간혹 있으나 경험상 대답이 명확하지 않으면 대개 성적이 낮다.

수능국어 1등급인 학생들은 무엇이 문제냐고 물을 때, "저는 국어 문법 중에서 단어의 의미가 어려워요. 상보반의어, 정도반의어 이런 것이 갑자기 문제로 나오면 어떻게 할지 당황스러울 때가 있어요." 라고 구체적으로 대답한다. 이런 학생들은 새로운 것을 배우러 온다기보다 더 정확하게 공부해서 실수하지 않기 위해 나를 찾아온다. 현정이는 바로 그런 경우였다.

수능국어 1등급의 저주가 있다. 똑똑한 중3 학생이 고등학생이 되어 처음 보는 3월 모의고사에서 100점을 맞으면 수능 때 1등급을 받지 못한다는 전설이 전해진다. 대한민국의 모든 수험생을 대상으로 통계를 낸 것은 아니지만, 실제로 고1 첫 모의고사 국어 만점을 받은 학생들은 수능국어도 뭐 별것이 아니라는 자만에 빠지게 된다. 당연히 수능국어는 소홀하게 되고 내신이나 다른 과목에 집중하는 경향이 있다.

또한, 수능국어 1등급의 함정이 있다. 고3이 되어서 9월 교육과정평가원 모의고사에서 100점을 받은 학생은 막상 수능 때 1등급을 받지 못하는 경우가 많다. 막판 수능 정리를 할 때 국어에 자신감이 붙으면 상대적으로 공부할 것이 많은 탐구영역에 집중하는 경향이 있다. 차라리 한두 문제를 틀려서 적당한 긴장감을 갖고 있는 학생이 더 좋은 성과를 내기도 한다. 최상위권 학생들에게 수능국어 2등급은 정말 치명적이다.

현정이는 고2 이후 수능 모의고사를 보면 항상 1등급이었다. 수학이나 영어는 만점을 받는 경우도 자주 있었다. 그런데 국어는 한 번도 만점을 받은 적이 없었다.

나는 현정이에게 '문장 단순화 훈련'을 시켰다. 중문 복문의 복잡한 문장을 단순화해서 자신의 문장으로 간결하게 정리하는 방식인데, 최상위권 학생들에게 매우 효과가 있다. 논술을 준비하는 학생들에게도 자신의 문장을 작성하는 데 큰 도움이 된다.

예를 들어, 다음과 같은 문단을 단순화해 보자.

원문 동감은 관찰자가 상상에 의한 역지사지를 통해 행위자와 감정 일치를 이루는 것을 의미한다. 자신의 이해관계에 치우치지 않는 공평한 관찰자는 행위자가 직면한 상황과 처지 속에서 자신이라면 어떤 감정을 느끼고 어떤 행위를 할 것인가를 상상해 보게 된다. 그리고 이것을 실제로 관찰되는 행위자의 감정 및 행위와 비교하여 양자가 일치할 경우 거기에 동감하게 된다. 이때 관찰자는 행위자의 감정과 행위를 적정성이 있는 것으로 승인하게 되며, 이와 달리 자신이 상상한 것과 다를 경우에는 적정성이 없는 것으로 보게 된다.

삭제 ➡ 동감은 관찰자가 ~~상상에 의한~~ 역지사지를 통해 ~~행위자와~~ 감정 일치를 이루는 것을 ~~의미한다.~~ ~~자신의 이해관계에 치우치지 않는~~ 공평한 관찰자는 행위자가 ~~직면한 상황과 처지 속에서 자신이라면~~ 어떤 감정을 ~~느끼고~~ 어떤 행위를 할 ~~것인가를~~ 상상해 보게 ~~된다.~~ ~~그리고 이것을 실제로 관찰되는~~ 행위자의 감정 및 행위와 ~~비교하여 양자가~~ 일치할 경우 ~~거기에~~ 동감하게 된다. ~~이때~~ 관찰자는 행위자의 감정과 행위를 적정성이 ~~있는 것으로~~ 승인하게 되며, ~~이와 달리 자신이~~ 상상한 것과 다를 경우에는 적정성이 없는 것으로 ~~보게 된다.~~

문장 단순화 ➡ 동감은 역지사지를 통해 감정일치를 이루는 것이다. 공평한 관찰자는 행위자가 어떤 감정과 행위를 할지 상상한다. 행위자의 감정 및 행위와 일치하면 동감한다. 관찰자는 행위자의 감정과 행위를 적정성으로 승인하며 상상과 다르면 적정성이 없다.

원문   이러한 동감의 원리는 한 개인이 자신의 감정과 행위를 판단할 때에도 적용된다. 한 개인에게도 이기적 충동에 지배되는 행위자로서의 자기와 상상에 의해 관찰자의 입장을 취하며 반성하는 자기가 있다. 이 관찰자는 이해관계에 얽매이지 않고 객관적으로 그 감정과 행위의 적정성을 판단하는 또 다른 자기로, 스미스는 이러한 추상적 존재를 '가상의 공평한 관찰자' 혹은 '마음속의 이상적 인간'이라 표현하였다. 자신의 감정과 행위는 이와 같은 관찰자의 동감에 의해 도덕적인 것으로 승인받게 된다.

삭제 ➡ ~~이러한 동감의 원리는 한 개인이~~ 자신의 감정과 행위를 판단할 때에도 적용된다. 한 개인에게도 ~~이기적 충동에 지배되는~~ 행위자로서의 자기와 ~~상상에 의해 관찰자의 입장을 취하며~~ 반성하는 자기가 있다. 이 관찰자는 ~~이해관계에 얽매이지 않고~~ 객관적으로 그 감정과 행위의 적정성을 판단하는 또 다른 자기로, 스미스는 ~~이러한~~ 추상적 존재를 '가상의 공평한 관찰자' 혹은 '마음속의 이상적 인간'이라 표현하였다. 자신의 감정과 행위는 ~~이와 같은~~ 관찰자의 동감에 의해 도덕적인 것으로 승인받게 ~~된다.~~

문장 단순화 ➡ 동감의 원리는 자신의 감정과 행위 판단에도 적용된다. 개인도 행위자와 반성하는 자기가 있다. 관찰자는 감정과 행위의 적정성을 판단하는 자기이다. 스미스는 공평한 관찰자, 이상적 인간으로 표현하였다. 자신의 감정과 행위는 동감에 의해 도덕적으로 승인받는다.

원문 이러한 관점에서 볼 때, 행위자의 행위는 이타적인 것뿐만 아니라 이기적인 것이라 할지라도 공평한 관찰자의 동감을 얻을 수 있다면 도덕적인 것으로 승인받을 수 있다. 공평한 관찰자가 자신도 행위자와 동일한 처지에 있었다면 같은 행위를 했을 것이라고 동감한다면, 행위자의 이기적인 행위도 도덕적인 것으로 승인받을 수 있다. 반면 이타적인 행위라도 그것이 적정성을 지니지 못해 도덕적인 것으로 승인받지 못할 수 있다. 예컨대 자신과 자신의 가족은 전혀 돌보지 않고 타인만을 위한 이타적 행위에 몰두하는 것은 공평한 관찰자의 동감을 얻기 어렵다.

삭제 ➡ 이러한 관점에서 볼 때, 행위자의 행위는 이타적인 것뿐만 아니라 이기적인 것이라 할지라도 공평한 관찰자의 동감을 얻을 수 있다면 도덕적인 것으로 승인받을 수 있다. 공평한 관찰자가 자신도 행위자와 동일한 처지에 있었다면 같은 행위를 했을 것이라고 동감한다면, 행위자의 이기적인 행위도 도덕적인 것으로 승인받을 수 있다. 반면 이타적인 행위라도 그것이 적정성을 지니지 못해 도덕적인 것으로 승인받지 못할 수 있다. 예컨대 자신과 자신의 가족은 전혀 돌보지 않고 타인만을 위한 이타적 행위에 몰두하는 것은 공평한 관찰자의 동감을 얻기 어렵다.

문장 단순화 ➡ 행위자의 행위는 이타적/이기적 모두 동감을 통해 도덕적으로 승인받는다. 행위자가 동감하면 이기적 행위도 승인받는다. 이타적 행위도 적정성을 지니지 못하면 승인받지 못한다. 이타적 행위가 동감이 어렵다.

이런 문장 단순화 훈련은 최상위권 학생들이 독서(비문학) 지문에서 흔들리지 않도록 자신감을 심어 줄 수 있다. 물론 여기에 작성한 방식은 보여 주기 위한 것으로 어느 정도 원문을 살리고 있지만, 개별적으로 훈련하면 한 줄로도 간결하게 정리할 수 있게 된다.

문장 단순화 훈련은 어떤 내용이라도 한눈에 보게 하고, 자신만의 문장으로 단순하게 정리하는 과정을 통해 글쓰기 능력도 놀라울 정도로 향상된다. 이 훈련만 제대로 하면 논술이나 글쓰기 연습을 따로 하지 않아도 아주 좋은 문장을 쓸 수 있다.

여기서 주의할 점은, 이 방식은 국어의 흐름을 이해하고 독서 훈련이 체계적으로 잡힌 1~2등급 학생들에게 유효하다. 체계적인 독서 훈련이 되지 않은 학생들은 이 방법을 섣부르게 따라 하면 독이 될 수 있다. 예를 들어, 원문에서는 '도덕적인 것으로 승인받지 못할 수 있다.'라고 되어 있는데, 문장 단순화 훈련에서는 '승인받지 못한다'라고 하게 되면 내용 확인 문제에서 함정에 빠질 수 있다.

현정이는 문장 단순화 훈련을 통해 아주 단순하게 글을 정리하고 아주 단순한 문장으로 글을 잘 쓰게 되었다. 현정이가 고려대 미디어 학부에 합격할 때 쓴 첫 문장은, 지금도 내가 학생들에게 단순함의 중요성을 강조할 때 예로 들곤 한다.

현정이가 쓴 첫 문장은 "부재는 존재를 증명한다."였다. 얼핏 보면 그렇게 특별할 것이 없어 보이는데, 이 단순한 첫 문장이 천하무적의 막강한 힘을 발휘했다. 일단 첫 문장이 단순 간결하면 읽기가 편하다.

그리고 추상적인 어휘지만 어렵지 않고 매우 포괄적인 개념을 담고 있어서 어떤 글이라도 다음에 이어서 쓰기가 쉽다. 또한 '부재는 존재를 증명한다'라는 역설적인 표현을 통해 앞으로 이 글에서 무슨 이야기를 할까 관심을 끌 수 있다. 이 한 문장으로 현정이는 무한대로 생각을 발전시켜 나갈 수 있었다.

현정이가 학원을 다니기 시작하면서 신기한 일이 일어났다. 상담을 끝내고 현정이가 나가는 모습을 지켜보던 남학생이 조용히 나에게 다가왔다.

"저기 선생님, 현정이 우리 학원 다녀요?"

"엥? 아니 네가 현정이를 어떻게 알아?"

"쟤 유명하잖아요. 우리 학원 다녀요?"

"다음 주부터 다니기로 했어. 그런데 네가 어떻게 아냐고? 중학교 동창이야?"

"아뇨. 저기 건너편 어학원 원장님이 저 애 데려오려고 장학금을 줬다는 소문이 있어요."

"그건 또 뭔 소리야?"

"쟤가 초등학생 때부터 워낙 잘해서 가우디수학학원도 저 애 덕분에 대박 났잖아요."

나는 그때까지도 뭐 그런가 보다 생각했다. 그런데 현정이가 우리 학원을 다니고부터 상담실 불이 꺼지질 않았다. 상담을 오는 학생들과 학부모들이 공통적으로 하는 질문이 있었다.

"저기 원장님, 그런데 여기 현정이가 다니는 게 맞나요?"

나와의 상담은 그저 요식적인 행위에 불과했다. 현정이가 우리 학원에 다닌다는 것이 확인되는 순간 상담은 일사천리로 진행되고, 아주 쉽게 마무리되었다. 심지어 같은 건물에 있던 수학학원 원장까지 현정이를 알아보고 조용히 부탁하기까지 했다.

"저기 원장님, 그 현정이라는 아이 있잖습니까? 우리 학원에 다니게 힘 좀 실어 주세요."

"예? 그게 무슨 말씀이에요?"

"그 현정이라는 애 덕분에 가우디수학 아주 대박 났잖아요. 제가 일대일 과외라도 해 줄 테니 소개 좀 해 주세요. 저 애가 어떤 애냐면…"

수학 원장은 현정이의 신화를 자세히 들려주었다.

현정이는 일곱 살 때부터 아파트 안의 공부방에서 수학 공부를 했다고 한다. 수학을 워낙 잘해서 부모님이 수학학원을 보내려고 했지만 유치원생을 받아주는 곳이 없었다. 공부방에서 선행 학습을 하던 현정이는 초등학교 3학년 때는 이미 중학생 수준의 수학을 하고 있었다. 그때부터 현정이 효과가 나타나기 시작했다. 현정이가 다닌다는 이유만으로 공부방이 대박이 났다는 것이다.

"거기 공부방 여자 원장이 어렵게 운영했는데… 현정이가 워낙 잘한다는 소문이 나서 아예 아파트 상가를 얻어 나가서 교습소를 차렸고, 그것도 감당이 안 돼서 얼마 있다가 학원을 차렸는데 정말 잘됐어요. 나중에는 아예 남동생까지 데려와서 여기 중심가로 학원을 확장했는데 그게 가우디학원이잖아요. 그런 게 전부 다 현정이 덕분이라니까요."

"에이 설마… 아무려면 학생 하나 때문에…"

"원장님, 현정이가 독보적인 전교 1등인 건 아시죠?"

"그래요? 난 몰랐는데… 잘하는 것 같기는 해요."

"하아! 진짜… 원장님이 보석을 바로 앞에 두시고 몰라보시네."

수학학원 원장은 답답하다는 듯이 나를 바라보았다. 그러거나 말거나 나는 신경 쓰지 않고 평소처럼 지내고 있었다. 그런데 4개월쯤 지나자 학원 강의실이 부족한 상황이 발생했다. 그것도 10월에! 학원가에서는 10월 전후가 비수기다. 특히 국어 학원은 고3 학생들이 보통 9월에 수시 원서를 쓰면서 그만두는 경우가 많기 때문에 9월부터 11월까지 운영하기가 제일 힘들다. 그런데 현정이가 들어오면서 바로 그 시기에 강의실이 부족할 만큼 성황을 이룬 것이다. 고등 중심인 우리 학원에서 중학생까지 넘쳐서 학생을 더는 받지 못했다. 나는 그제야 현정이 효과를 인정하지 않을 수 없었다.

현정이 효과를 분석해 보면, 여학생들은 '현정이가 다니는 학원이라면 믿을 만하다.'라고 생각하는 것 같았고, 남학생들은 '현정이를 한번 보고 싶다.'는 바람으로 학원 등록을 하는 듯했다. 나는 현정이가 그저 예쁜 여학생이다 정도로만 생각했는데, 소문에는 항상 신화적

인 요소가 더해지는 법인지 "현정이가 연예인 누구 닮았다."라는 소문
이 돌다가 한순간에 "현정이가 연예인이 되었다." "현정이가 CF도 찍
고 영화도 찍었다."로 확산되어 갔다. 막상 소문의 당사자인 현정이
는 그냥 열심히 공부하며 덤덤했는데, 소문은 점점 더 부풀려졌다.

현정이가 고3이 되면서 우리 학원은 옆 칸을 터서 확장하기에 이
르렀다. 모두 현정이 효과 덕분이었다. 현정이는 학교 동아리 후배들
에게 이런 말을 했다고 한다.

"국어는 일단 뽕샘과 상담해 봐. 단순화 훈련은 경험을 해 본 사람
만이 알 수 있어."

살아 있는 전설, 전교 1등 연예인 언니 현정이의 그 한마디가 수많
은 팬을 우리 학원에 몰려들게 했다. 그 어떤 홍보 수단보다 확실하
고 강력했던 현정이 효과는 지금 떠올려도 매우 생생하다.

뽕샘의 공부법 콕콕!

단순해야 핵심이 잡힌다

사람마다 다르겠지만 효과적인 공부를 위한 1차적인 환경은 '단순화'다.
공부 환경의 단순화와 학습 내용의 단순화.

공부 환경의 단순화는 먼저 공부하는 책상 주변을 정리하는 것이다. 책상에는 공부할 책만 두는 것이 좋다. 영어를 공부하는데 수학, 국어 책을 늘어놓으면 산만해진다. 시선을 마주하는 책상 앞에는 책꽂이조차 치우는 것이 바람직하다. 책꽂이가 눈앞에 있으면 그 자체만으로도 집중력을 방해하므로 책상에서 멀리 떨어진 곳이나 의자 뒤쪽에 두자. 또한 공부할 때 시선이 분산되지 않도록 벽에 옷, 시계, 사진, 그림 등도 걸어 두지 말아야 한다. 책상 주위에 아무것도 보이지 않게 하는 환경 정리만으로도 단순화의 효과를 볼 수 있다.

학습 내용의 단순화는 말처럼 쉽게 이뤄지지 않는다. 수많은 변수를 압축하고 개념화해서 단순화할 수 있어야 하기 때문이다. 하지만 의식적으로 노력하면 분명히 길이 보인다.

비문학을 예로 들어 단순화의 원리 몇 가지를 설명하겠다. 먼저 핵심을 잡는 것이 단순화의 출발이다.

① 주격조사(이/가)나 보조사(은/는)가 붙는 말은 중심화제어로 핵심이다.

② 관형격의 수식을 받고 목적격조사가 붙는 말이 핵심이다.

③ 반복되는 어휘나 추상적 어휘가 핵심이다.

위 3가지 원리를 다음 문장에 적용시켜 핵심어를 찾아보자.

남자와 여자의 사랑은 영원한 믿음을 바탕으로 한다.

내용을 단순화하기 위한 이 문장의 핵심어는 무엇일까? 먼저 보조사 '은/는'이 붙는 '사랑'이 핵심이다.

그러면 '믿음'은 어떨까? 앞에서 '영원한'의 수식을 받고, 어휘 뒤에 목적 격조사 '을/를'이 붙기 때문에 이 또한 핵심어다.

또한 '사랑'과 '믿음'은 추상적인 어휘로 또 다른 핵심어의 요건도 갖추고 있다.

'남자와 여자의 사랑은 영원한 믿음을 바탕으로 한다.'

→ 사랑은 믿음이다.

그다음 접속어로 시작하고 의문형으로 끝나는 문장은 그 자체가 핵심이 거나 그 질문의 답이 핵심이다. 아래 문장 구조는 강력한 핵심 문장의 요 건을 갖추고 있다.

그다음 접속어로 시작하고 의문형으로 끝나는 문장은 그 자체가 핵심이 거나 그 질문의 답이 핵심이다. 아래 문장 구조는 강력한 핵심 문장의 요 건을 갖추고 있다.

그렇다면 이와 같은 사회양극화 문제는 개인의 문제로 방치해야만 하는 가?

→ 사회양극화 문제는 방치할 수 없다.

의도적으로 조사와 부사를 빼고 읽으면 문장을 단순화할 수 있고 핵심이 바로 잡힌다.

신뢰는 사회 구성원 간의 돈독한 관계를 적절하게 유지시키는 데 있어 반 드시 있어야만 하는 절대적인 요소이다.

-→ 신뢰 사회 구성원 관계 유지 절대적 요소

모세의 기적

결핍과 불안감을 이겨 낸 자기주도학습

가연이는 경비원 아저씨의 딸이다. 학원을 차리기 전, 가르칠 학생이 없어서 어려울 때, 온 마음으로 도와주셨던 아파트 경비원 아저씨. 전단을 만들어서 배달된 신문 사이에 넣으러 다닐 때, 버려진 전단을 모아 주고 컵라면을 끓여 주었던 고마운 아저씨. 바로 그분의 늦둥이 딸이다.

매우 추운 날이었다. 바람까지 매서워서 바깥에 잠시 서 있기도 힘들었다. 밤 11시가 넘어서 과외를 마친 나는 평상시와 다름없이 아파트 입주민들의 눈치를 슬쩍슬쩍 살피며 후문 경비 초소로 들어갔다. 그런데 그곳에 아저씨는 없고, 산처럼 큰 여학생이 경비 모자를 쓰고 앉아 있었다.

"어? 여기 아저씨 어디 가셨어요?"

나는 당황해서 여학생에게 물었다. 산처럼 큰 여학생도 약간 놀란 듯 나를 바라보았다.

　"저기, 어떻게 오셨어요? 뭐 찾으러 오셨어요?"

　"아니 그게 아니라… 여기 아저씨 좀 잠깐 만나러 왔는데…."

　"누구신데요? 몇 동 몇 호에 사세요? 저는 잠깐 나와 있는 거라서요."

　"학생은 누군데?"

　"저요? 저는 그냥 전데… 아저씨는 누구세요?"

　"나? 나도 그냥 나지. 그러는 학생은 누구야?"

　우리의 대화는 서로를 의심하면서 겉돌았다. 나는 경비 아저씨가 있어야 할 곳에 정체 모를 거대한 여학생이 앉아 있는 것이 수상했다.

　"입주민이세요?"

　"아니? 학생은 누구야? 아저씨는 어디 가셨어?"

　"입주민이세요?"

　"아니라니까… 학생은 누구냐고?"

　"입주민도 아니면서 여긴 왜 들어오세요?"

　"그러는 학생은 여기 왜 들어와 있어?"

　"아! 뭐 그런 거 알 필요 없고 빨리 나가세요."

　여학생이 자리에서 벌떡 일어났다. 나보다 머리 두 개는 더 붙은 것처럼 큰 키였다. 거대하고 큰 여학생의 포스에 나는 흠칫 놀라서 뒤로 물러섰다. 여학생이 슬쩍 밀었을 뿐인데 나는 맥없이 초소 밖으로 밀려 나왔다.

그날 이후 나는 아저씨에게 무슨 일이라도 생겼나 걱정되어 전화를 했다. 하지만 아저씨는 받지 않았다. 불안했다. 며칠 후 과외 수업이 끝나고 나는 다시 아파트 후문 경비 초소를 찾아갔다. 아저씨는 난로 앞에 바짝 붙어서 꾸벅꾸벅 졸고 있다가 내가 초소 안으로 들어서자 깜짝 놀라서 일어섰다.

"아저씨, 그동안 잘 지내셨어요?"

"어이구, 선생님! 어서 오셔. 저녁은 드셨어?"

"예. 먹었습니다. 저녁 드셨어요?"

"으음. 먹었지. 그래도 우리 컵라면 하나씩 끓여 먹을까?"

아저씨는 어느새 물을 끓이며 컵라면을 뜯기 시작했다. 그날도 바깥 날씨는 너무 추웠다. 자정이 가까워지자 눈발까지 휘날렸다. 우리는 조용히 컵라면을 먹고 나서 둥글레차를 호호 불며 나누어 마셨다.

"그런데 아저씨, 왜 전화를 안 받으세요?"

"휴대폰을 잃어버렸어. 어디 있는지 아무리 찾아도 없네."

"제가 하나 사 드릴까요?"

"에헤이, 이 선생이 무슨 돈이 있어? 그런 걱정하지 마."

"저 돈 많아요. 여기 아파트에서만 아홉 명이나 과외해요."

"그래 봤자 뭐 얼마나 된다고… 나중에 100명 넘으면 밥이나 사."

"저기 그런데… 지난번에 보니까 아저씨는 안 보이고 어떤 여학생이 대신 앉아 있던데…"

나는 의아한 표정으로 아저씨를 바라보았다.

"아! 그날 선생님이 오셨었구나. 그 애가 우리 막내딸 가연이야. 전에 말하지 않았나? 밥을 엄청 많이 먹는다는 그 막내딸."

"예? 진짜? 그 애가 가연이었어요? 아저씨는 어디 가셨었는데요?"

"그날 우리 어머님 제사인데 근무를 바꾸지 못해서… 잠깐 막내를 나와 있게 했지."

"그래도 돼요?"

"그러면 안 되지. 방법이 없어서 한 시간 정도 나와 있게 했어…. 저기 그런데 말이지… 이 선생! 나 좀 도와줄 수 있어?"

"예. 뭐든 말씀만 하세요. 아저씨 일이라면 제가 뭔들 못하겠어요."

"저기, 우리 가연이가 남학생을 좀 때린 모양이야. 그래서 그쪽 부모들에게 사과 편지라도 써야겠는데 알다시피 내가 가방끈이 짧아서…."

"예? 남학생을 때려요?"

경비 아저씨는 우울한 표정으로 고개를 끄덕였다. 거기에는 '너도 우리 딸아이를 보지 않았느냐. 딱 보면 모르냐.'는 다소 민망한 눈빛도 섞여 있었다. 나는 아저씨의 부탁을 받고 그 자리에서 의논을 해 가며 사과 편지 문안을 작성했다. 아저씨는 매우 흡족한 표정으로 내 어깨를 두드렸다.

일주일쯤 지나서 다시 경비 초소를 찾았다.

"아저씨, 어떻게 되셨어요? 편지는 잘 보내셨어요?"

"어어, 이 선생. 잘됐어. 아주 잘됐어. 편지도 보냈고 우리 가연이가 사과도 하고 그래서 잘 해결이 됐어. 그런데 그게 말이지…"

아저씨는 말꼬리를 흐리며 낯빛이 어두워졌다. 일단 사과는 잘 했는데, 가연이에게 맞은 남학생이 전학을 가겠다고 하는 바람에 입장이 난처해졌다는 것이다. 안타까웠지만 더는 내가 도울 방법이 없는 듯해서 인사를 하고 과외 수업에 들어갔다.

그런데 이게 웬일인가! 과외를 하는 중에 한 남학생이 학교 폭력에 대해 이야기하는 것이었다.

"우와아! 이거 진짜 무서워서 학교 못 다니겠어요."

"왜? 무슨 일 있어?"

"우리 학교에 '모세의 기적'이라고 불리는 여자애가 있는데요."

"모세의 기적? 그게 무슨 말이야?"

"예, 1학년 중에 엄청 무서운 애가 있어요. 그 애가 급식실에 딱 나타나면 다른 아이들이 양쪽으로 딱 비켜서요. 그러면 걔는 아주 자연스럽게 줄도 서지 않고 급식을 먹어서 별명이 모세의 기적이에요."

나는 그때까지도 그 모세의 기적이 가연이일 거라고는 꿈에도 생각하지 못했다. 곧이어 남학생은 최근에 학교에서 일어난 폭력 사고를 실감나게 전했다.

"우리 학교에 장애인 전용 엘리베이터가 있어요. 장애가 있는 애들도 사용하지만 일진 애들이 주로 사용하는데… 거기서 2학년 일진 애들 두 명이 1학년 여학생… 바로 그 모세의 기적에게 맞았어요."

"남학생 두 명이? 그것도 일진들이?"

"네, 멀쩡한데 장애인 전용 쓴다고 시비 끝에 맞은 거 같아요. 그 자식들이 창피하니까 말은 안 하는데 그걸 본 애들이 몇 명 있어서 바로 소문이 났어요. 결국 이 자식들이 창피해서 전학을 가네 어쩌네 말이 많더라고요."

퍼뜩 불길한 생각이 솟구쳤다. 여학생에게 맞은 남학생이라… 그리고 그 남학생은 전학을 가네 어쩌네… 이건 결코 흔한 일이 아니었다. 경비원 아저씨의 막내딸 가연이와 연관돼 있을 거라는 합리적인 의심을 하지 않을 수 없었다.

"혹시 그 모세의 기적이라는 학생, 이름이 뭐냐?"

"그 애가 이름이… 가연인가… 뭐 그래요. 학교에서 그 애를 딱 마주치잖아요? 어후우! 그 포스가 진짜 장난 아니라니까요. 그 애 중학생 때도 유명했대요. 걔한테 주먹 한 방 맞으면 그냥 사망이라고…"

설마 했던 우려가 현실이 되는 순간이었다. 이후에 또 다른 학생들을 통해서도, 경비원 아저씨의 막내딸 가연이가 남학생을 때린 학교 폭력 이야기를 실감나게 들었다. 그래도 모른 척해야지. 내가 나설 일이 아니었다.

가연이가 모세의 기적이라는 사실, 학교 폭력을 행사한 무서운 아이임을 알게 된 지 한 달쯤 지나서였다. 나는 경비원 모자를 쓰고 있는 가연이와 딱 마주쳤다. 과외를 끝낸 자정이 가까운 시간이라 오가는 입주민도 없었다. 그래서인지 안 그래도 눈에 띄는 가연이가 더욱 두드러져 보였다. 사람들이 무서워할지도 모른다는 생각이 들 정도였다. 나는 왠지 주눅이 든 채 초소 앞을 지나갔다. 슬쩍 보니 가연이는 내 인기척을 느끼지도 못할 만큼 집중해서 열심히 문제집을 풀고 있었다. 그 모습을 보니 문득 짠한 마음이 들었다. 소문이나 겉모습은 어떨지 몰라도, 실은 가연이도 나에게 과외를 받는 학생들과 다름없구나 하는 생각이 들었다. 앞으로 입시를 치러야 해서 걱정이 많을 고1 여학생. 자기가 잘하는 게 뭔지, 어느 대학에 가야 할지 몰라서 매일매일 갈팡질팡하고 있는 10대. 가연이라고 뭐 다를까 싶어서 용기 내어 말을 붙였다.

"가연아! 지금 뭐하니?"

나는 조심스럽게 초소의 창문을 두드렸다. 가연이는 깜짝 놀라서 나를 올려다보았다. 지난번 만남 이후 아빠로부터 내 이야기를 들었는지 전보다는 경계심을 보이지 않았다.

"아빠는 어디 가셨어?"

"예, 오늘 계속 몸이 안 좋으셔서 제가 야자 끝나고 여기로 왔어요. 지금 저 뒤에서 쉬고 계세요."

가연이는 의자 뒤편의 간이침대를 가리켰다. 그러고 보니 커튼으로 살짝 가려진 곳에 아저씨의 발이 빼꼼히 보였다.

"아빠 어디가 편찮으신데? 병원은 다녀오셨나?"

"모르겠어요. 요즘 계속 식은땀을 흘리고, 몸이 안 좋으셔서 엄마가 걱정이 많아요."

가연이는 혹시라도 아버지가 깰까 봐 소곤소곤 말했다. 나는 무슨 위로의 말을 해야 할지 몰라 우두커니 서서 한동안 커튼 사이로 보이는 아저씨의 작은 발만 바라보았다. 그러다 저절로 가연이가 풀고 있던 문제집에 눈길이 갔다. 에휴, 펼쳐진 데만 언뜻 봐도 맞힌 문제가 하나도 없었다. 나는 아저씨가 깰까 봐 안으로 들어가지도 못하고, 손가락으로 문제집을 가리키며 말했다.

"가연아. 거기 문제집 잠깐 줘 봐."

가연이는 어리둥절한 표정을 지었다가 바로 무슨 뜻인지 알아들었는지 고개를 끄덕였다. 나는 가연이가 풀고 있던 문제를 꼼꼼히 살펴보았다. 가연이는 국어 문법을 어려워하는 듯했다. 국어의 문법이 다른 영역에 비해 상대적으로 어렵기는 하지만 기본 개념을 확실하게 다져 놓으면 그렇게까지 이해하지 못할 정도는 아니었다.

"가연아, 너 여기서 관형사와 관형어 구분할 줄 아니?"

경비 초소 앞에서 혹시라도 오가는 사람들이 이상하게 생각할까봐 조마조마해하면서, 몸이 불편한 경비원 아저씨가 깨지 않도록 목소리를 낮춰서, 매우 불편한 국어 수업을 이어 나갔다.

문법은 기본 개념이 중요하다는 것을 누구나 알고 있지만, 막상 기본 개념에 시간을 투자하는 학생들은 많지 않다. 당장 문제를 풀고 답을 찾으려고만 한다. 100개의 문제를 풀어 보는 것보다, 가장 기본적인 개념을 확실하게 알아 두는 것이 훨씬 중요하다.

관형사와 관형어를 구분하는 것을 어려워하는 학생이 많다. 이유가 무엇일까?

관형사 : 품사

관형어 : 문장 성분

이 간단한 정의를 어려워하는 이유는 대부분의 학생들이 국어 문법의 체계가 잡히기 전에 영어 문법부터 배우기 때문이다. 영어 문법에는 관형사와 관형어라는 개념 자체가 없고 형용사만 있다.

그렇다면 국어에서 관형사와 관형어 구분은 어떻게 할까? 아주 간단하다.

무조건 '~다'를 붙여 본다.

예를 들어 '검은 옷'에서 '검은'의 '검'에 종결 어미 '~다'를 붙여 보면 '검다'가 된다. 그러면 이건 관형어라고 봐도 된다.

자, 다른 예를 들어 보자. '새 옷'에서 '새'에 '~다'를 붙여 보면 '새다'가 된다. 그러면 '새 친구'에서 '새'도 관형어가 되는 것일까?

그렇지 않다. 여기서 '새'는 성상관형사로서 '새롭다'는 의미이다. (물이) '새다'는 의미가 아니다. 이처럼 '~다'를 붙여서 관형사와 관형어의 차이점을 명확히 구분할 수 있다. 또한, 시험에 자주 나오는 다음 관형사의 종류는 외워 두는 것이 좋다.

새, 헌, 옛 ➡ 새 건물, 헌 이불, 옛 생각

이, 그, 저 ➡ 이 사람, 그 모습, 저 꼴

한, 두, 세 ➡ 한 권, 두 마리, 세 병

다시 한 번 정리하면 관형어는 체언(명사, 대명사, 수사)을 수식하는 문장성분으로, 용언(동사, 형용사)에 활용 어미가 붙은 말, 체언에 관형격 조사 '의'가 붙은 말이다.

예쁘- + -ㄴ ➡ 예쁜 꽃

읽- + 은 ➡ 읽은 책

먹- + -ㄹ ➡ 먹을 밥

하- + 던 ➡ 하던 일

그 + 의 ➡ 그의 집

하나 + 의 ➡ 하나의 지구

▶ 관형사는 관형어에 속한다 (◯)

▶ 관형어는 관형사에 속한다 (✖)

짧은 시간, 열악한 환경에서도 가연이는 정말 열심히 배웠다. 그 이후로도 가연이는 경비 초소에 자주 나와서 내게 토막 과외를 받았다. 세상에서 가장 작은 공부방인 셈이었다. 내가 집으로 찾아가서 정식으로 과외를 해 주겠다고 했으나 아저씨도 가연이도 한사코 사양했다.

가연이가 대학에 간 후에 아저씨에게 물어본 적이 있다.

"아저씨, 그때 제가 집으로 가서 가연이 과외를 해 준다고 했을 때 왜 그렇게 사양하셨어요?"

"이히, 그거 뭐 창피해서 그랬지. 우리 집이 반지하라서 워낙 좁고 그랬어."

아저씨는 그렇게 말했지만, 실은 나를 배려해서였다는 것을 안다. 젊은 사람이 어떻게 해서든 살아보려고 하는데 도와주지는 못할망정 부담 주고 싶지 않은 마음이었다는 것을.

그때는 내가 따로 가르칠 공간도 없을 때라서, 경비 초소가 유일하게 가연이와 만날 수 있는 장소였다.

경비원 아저씨가 재활용 수거장에서 주워 온 접이식 책상을 펼쳐 놓고, 나와 가연이는 마주 앉아 수업했다. 대개 저녁 늦은 시간에 했는데, 간혹 찾아오는 입주민들이 있으면 나는 택배를 찾으러 온 것처럼 발연기를 할 때도 있었고 커튼 뒤로 어설프게 숨었다가 들키기도 했다. 누군가가 올지도 모른다는 불안감, 그리고 작은 책상을 가운데에 두고 178센티미터에 90킬로그램이 넘는 여학생을 가르쳐야 하는 불편함은 계속되었다. 그런데 참 이상했다. 그 불안감과 불편함이 오히려 수업에 대한 집중력을 높여 주었다.

그 어려운 상황 속에서도 공부를 지속할 수 있었던 이유는 두 가지였다. 무엇보다 가연이의 노력! 가연이는 짧은 시간 안에 공부를 끝내야겠다는 생각으로 아무리 많은 과제를 내도 꼼꼼하게 문제를 풀어 왔다. 그리고 자기가 어떤 유형의 문제를 못 푸는지 사전 점검을 하고, 질문할 내용도 압축해서 정리해 왔다.

공부를 지속할 수 있었던 또 하나의 이유는 아저씨의 존재 덕분이었다. 어떻게 해서든 나에게 과외 받을 학생들을 연결해 주고 싶어서 신경 써 주었던 분. 학생이 있는 세대를 찾아보고, 바닥에 떨어진 나의 홍보 전단을 주워서 묻어 있는 흙을 털어 주었던 고마운 분. 내가 과외 학생을 처음 구했을 때, 그 누구보다 기뻐해 주었던 경비원 아저씨… 환갑이 지난 그 늙은 아저씨는 당신의 딸이 열심히 공부하는 모습을 옆에서 바라보는 것만으로도 세상을 다 가진 것처럼 행복해했다.

"허이구, 나는 원 무슨 말인지 모르지만 이 선생 설명만 듣고 있어도 그냥 막 마음이 놓이네. 어쩌면 그리 말을 잘하셔."

아저씨의 칭찬에 나는 피곤한 줄도 불편한 줄도 모른 채 가연이를 지도했다.

가연이는 그 이후에 정말로 모세의 기적을 일으켰다.

내신 6등급, 수능 모의고사는 5등급대였던 가연이는 놀라울 만큼 성적이 올랐다. 수능 모의고사는 쉽게 점수가 오르지 않았지만, 국어 내신은 3등급대가 되었다. 그리고 고등학교 2학년 2학기 말에는 드디어 2등급을 찍었다. 국어가 오르자 사회와 영어도 따라 올라서 가연이는 평균 3등급대의 내신을 유지하게 되었다. 모세의 기적 가연이 덕분에 나에게도 기적이 일어났다. 학교에서 워낙에 유명했던 가연이의 국어 점수가 쑥쑥 오르자 그 비법이 무엇인지 많은 학생이 가연이에게 물어본 것이다.

"나 국어의 신, 국신을 만났잖아, 뽕샘 만나면 그냥 국어는 오르게 돼 있어."

신이시여, 감사합니다! 가연이의 믿음직한 홍보 덕분에 나는 점점 과외 학생이 늘었다. 거기다 가연이가 데려온 친구 중에 수학학원을 운영하는 원장님의 딸이 있었는데, 그 딸을 가르쳐 주는 조건으로 나는 보증금과 월세를 내지 않는 나만의 작은 강의실까지 갖게 되었다.

가연이는 대전보건대 물리치료과에 갔다. 어떤 사람들은 그것이 뭐 그리 대단하냐고 할지도 모른다. 하지만 대학 입학에 대해 막연하게만 생각했던 가연이가 목표를 가지고 열심히 한 덕분에 가능한 일이었다. 대전보건대 물리치료과는 내신 2~3등급대의 학생들이 갈 정도로 비교적 높은 점수를 요하는 학과다. 그리고 취업도 잘 되어서 인기가 높다.

가연이는 현재 물리치료사로 일하고 있다. 서울에서 좋은 조건으로 갈 수 있는 직장이 있었는데도 굳이 대전에 남은 이유는 늙은 아버지와 어머니 때문이었다. 아주 듬직한 신랑과 결혼도 해서 잘 살고 있다.

나는 비 내리고 몸이 개운하지 않은 날마다 가연이가 물리치료사로 일하고 있는 의원을 찾아간다. 가연이는 그 큰 키와 넘치는 힘으로 나를 완전히 제압하여, 내 몸에 남아 있던 통증을 날려 버린다. 모세의 기적, 아니 가연이의 기적은 오늘도 계속되고 있다.

뽕샘의 공부법 콕콕!

결핍과 불안감을 이겨 낸 자기주도학습

결핍과 불안감을 이겨 내면 놀라운 결과를 만들어 낼 때가 있다. 가연이 입장에서 생각해 보면, 아버지가 일하는 좁은 경비실에서 입주민 몰래 공부를 한다는 것이 참으로 불편하고 어려웠을 것이다. 중간중간 까다로운 입주민이 와서 경비원 아저씨에게 삿대질하기도 했다. 아버지의 그런 모습을 지켜봐야 했던 가연이의 마음은 어땠을까?

바닥에 앉기도 힘든 접이식 책상에서, 입주민들에게 언제 들킬지 모른다는 불안감 속에서, 가연이는 철저하게 자기 방식의 공부를 했다. 특히 가연이는 물음표를 생활화하는 아이였다. 가연이는 공책 표지에 커다란 물음표를 그려 놓은 물음표 노트에 하루 다섯 개의 질문 내용을 적었다. 그 의문에 답을 해 가며 이를 토대로 기초부터 탄탄하게 공부해 나갔다.

자기주도학습에 대해 이런저런 말이 많지만, 핵심은 질문에 있다. 내가 무엇을 모르는지 알아야 진정한 자기주도학습이 된다.

나의 현재 학습 상태를 파악하고, 내가 모르는 것이 무엇인지 정확하게 알고 있는 것

이것이 공부의 시작이고 마무리다.

가연이의 물음표 노트는 처음에는 아주 단순했다.

'형태소가 뭐지?' '어간은 뭐야?' '반어가 반대인가?'

내가 가진 지식이 애매하면 질문도 막연하다. 배운 것을 제대로 이해했을 때 비로소 의문이 생기기 때문이다. 질문이 막연하면 대답도 막연해진다. 그러나 하루하루 시간이 지나가면서 가연이의 물음표 노트는 구체적으로 변해 갔다.

'소설에서 보여 주기와 말하기는 어떻게 다른가?' '대화는 왜 말하기가 아니고 보여 주기라고 할까?' '음,-ㅁ, 기'가 들어가면 무조건 명사절이라고 할 수 있는 건가?'

궁금한 내용이 구체적일수록 자신이 무엇을 모르고 무엇을 해야 할지가 명확해진다. 부족함을 알아야 채울 수 있다. 질문을 구체적으로 하기 위해 노력하자. 그러면 내가 모르는 것들이 점점 더 명확하게 드러나기 시작한다. 가연이는 물음표 노트를 통해 궁금증을 해결하고자 애썼고, 결국 자기주도학습에 성공할 수 있었다.

안타깝게도 우리 사회는 선행학습이니 조지게 과외니 해서 학생 스스로

궁금해할 시간을 주지 않는다. 남들보다 앞서가기 위해 구구단도 제대로 외우지 못하는 아이에게 기계식으로 나눗셈을 가르치려고 한다.

부모님들에게 당부한다.

"그런 건 알 필요 없어. 왜 쓸데없는 일에 시간을 낭비해?"

이런 말은 삼가자. 쓸데가 있고 없는지는 학생이 스스로 파악해야 한다. 어느 면에서 우리 아이들은 결핍이 결핍되어 있다. 부모가 나 스스로 부족한 게 무엇인지 생각할 시간과 기회를 주지 않기에 학생의 결핍은 쉽게 채워지지 않는다.

아이가 스스로 자신의 부족한 부분을 찾을 수 있도록 기다려 주자. 나 같은 선생이 만들어 놓은 학습의 로드맵은 부모가 먼저 알아보고 제시하되, 이후에 깨닫고 공부에 대한 의지를 갖는 주체는 아이 자신이어야 한다. 스스로 공부해야 할 이유를 찾는 것! 이것이 자기주도학습의 첫걸음이자 마무리다.

건후와 준후

건후는 단정한 선비 같았다. 누가 봐도 얌전하고 성실한 데다가 목소리도 차분했다. 그에 비해 준후는… 어휴…, 도저히 내가 감당할 수 없는 학생이라는 것을 단번에 알 수 있었다. 일단 준후는 목소리와 웃음소리가 너무 컸다. 강의실 밖에 준후가 와 있다는 걸 금방 알 수 있을 정도로 쩌렁쩌렁했다.

"꾸아아하하! 그래서 어제 내가 그냥 다 쓸어버렸잖아. 짜식들, 한 방에 확 보내 버렸지."

준후는 전날 무슨 일이 있었는지 뻐기며 떠들어 댔다. 나는 참지 못하고 소리쳤다.

"야 인마! 조용히 해. 여기 네가 전세 냈어?"

"예? 꾸아아하! 죄송합니다. 뽕샘, 열심히 수업하시지요."

"조용히 하라고!"

"꾸아아하, 예예, 알겠습니다."

"꾸아하 웃지도 마."

"꾸아하, 예, 알겠습니다."

서글서글한 준후는 여전히 꾸아하 웃어 댔고, 그 옆에서 건후는 공손하게 고개를 숙였다. 건후와 준후는 중학생 때부터 절친한 사이였다. 건후는 중학생 때도 단정하고 차분한 모범생이었고, 준후는 정말 유명한 일진이었다고 했다. 준후와 같이 어울려 다닌 친구들은 퇴학하고, 거칠게 살아가는 친구도 많다고 전해 들었다. 그러다가 준후는 고등학생이 되어서 일진을 벗어났고 마음을 다잡고 열심히 공부하기 시작했다. 그래서 그때는 교내 학생회장으로, 특유의 꾸아하 하는 웃음으로 너스레를 떠는 아이로 유명세를 떨치고 있었다.

나는 건후와 준후를 고2 때부터 가르치기 시작했다.

준후와 수업할 때는 내가 뭘 가르쳤는지 잘 생각이 나지 않을 정도였다. 내가 준비한 방향대로 도저히 수업을 해 나갈 수 없었다, 문법을 가르치다가도 배는 산으로 갔고, 고전시가를 가르치다가도 배는 산꼭대기로 올라갔다. 고려가요 중에 〈이상곡〉이라는 고전시가가 있다. 그런데 평범한 시가가 준후의 눈을 거치면 매우 강렬한 19금의 노래가 된다.

비가 오다가 개고 눈이 휘날리는 날에

나무숲으로 둘러싸인 고불고불 돌아가는 좁다란 길에

다롱디우셔 마득사리 마두너즈세 너우지

잠을 앗아 간 띄우고 간 내 님을 생각할 사이거늘

그처럼 무시무시한 길에 자려고 오시겠습니까

때때로 영락없이 지옥에 떨어져

죽어 버릴지도 모르는 이내 몸이

때때로 영락없이 지옥에 떨어져

죽어 버릴지도 모르는 이내 몸이

내 님 두고서 다른 산에 올라가겠습니까

이렇게 저렇게 하늘이 준 연분이니 함께 지내자는 기약입니다

아소 임이시여, 함께 지내자고 했던 기약이 있을 뿐이외다

사랑하는 사람과 헤어지기 싫어하는 여인의 간절한 마음이 담긴
노래다. 그런데 준후는 이 고려가요를 이상한 노래로 변질시켰다.

"뽕샘, 질문이 하나 있습니다."

"됐어. 넘어가. 진도 나가야 돼."

"선생님, 진짜 궁금해서 그래요. 건후야, 너도 궁금하지? 궁금하잖아."

준후의 반강제적인 질문 협조 공세에 건후도 빙그레 웃으며 고개
를 끄덕인다. 이 꾸아하 인간의 질문을 받아 주지 않으면 다음 진도

를 나가기가 어려워지는 순간이다. 나는 길게 한숨을 쉬고 마지못해 준후를 바라보았다.

"그래, 뭐가 궁금한데? 수업과 관계없는 질문이면 바로 퇴장이다."

"꾸아아하! 요즘 무서운 세상인데 그런 삭막한 말씀을 하시면 안 되죠."

"아, 잔소리 말고 뭐가 궁금한데?"

"이 〈이상곡〉이라는 노래 여기 이 부분 말인데요. '나무숲으로 둘러싸인 고불고불 돌아가는 좁다란 길에' 이게 무슨 뜻인가요?"

"길이 구불구불한데 그 주변에 나무숲으로 둘러싸여 있다고… 말 그대로야."

"에헤이, 아니잖아요. 여기에 무슨 다른 뜻이 있지 않나요? 우리도 알 거 다 알아요."

"네가 뭘 알아? 이건 서리를 밟으면 겨울이 온다는 의미로 시련이 닥칠 것을 우려하면서 임과 이별하지 않고 싶다는 간절함이…"

"에헤이, 진짜 왜 그러세요? 이 노래가 〈만전춘별사〉나 〈쌍화점〉과 같이 남녀상열지사의 노래라면서요. 남자와 여자 사이의 뜨거운 사랑노래… 그러면… '비가 오다가 개고 눈이 휘날리는 날에' 이건 운우지정… '나무숲으로 둘러싸인 고불고불 돌아가는 좁다란 길'은… 꾸아아하! 그러니까… 나무숲… 좁고 굽이 돌아간 꾸아아하! 그러니까 거기… '다롱디우셔 마득사리 마두너즈셰 너우지' 이건 귀에 대고 속삭이는 소리… 오빠 좋아요 같은…"

건후의 음담패설은 끝없이 이어진다. 나는 도저히 참을 수가 없어서 버럭 소리를 질렀다.

"뭔 소리야? 조용히 안 해!"

"구아아하, 내 말이 맞잖아요. 선생님도 얼굴이 빨개지셨네요."

"조용히 하라고!"

"구아아하! 봐봐. 내 말이 맞다니까요. 여기 '잠을 앗아 간 내 님을 생각한다' 이러고 있잖아요. 왜 잠을 앗아 갔겠어요? 잠을 안 재우며… 막 그러니까 막 그거…"

"말도 안 되는 소리 말라고!"

"그러면 '무시무시한 길에 자려고 오시겠습니까' 이건 뭔가요?"

"무서운 길이라고 하잖아."

"아! 그건 죽을 듯이 좋다 뭐 그런 거고… 선생님 진짜 이거 모르세요?"

"몰라 인마. 내가 그걸 어떻게 알아?"

"구아아하! 선생님! 진짜 같은 남자끼리 이러시면 안 되죠."

"또 뭔 소리를 하려고 그래?"

"뽕쌤, 여기 보세요. '영락없이 지옥에 떨어져' 이건 너무 좋아서 깊은 나락에 빠진다는 거고… '내 님 두고서 다른 산에 올라가겠습니까' 이긴 임이 너무 살해서 다른 남자를 만나지 않겠다는 뜻…이잖아요."

나는 도저히 수업을 진행할 수 없었다. 이럴 때는 어쩔 수 없이 잠시 간식 타임이라도 갖지 않으면 산으로 올라간 배가 하늘로 날아갈 지경이 되어 버린다. 그런데 희한하게도 준후의 음담패설이 계속되다 보면, 같이 수업을 듣는 건후와 다른 친구들도 작품에 집중하고 매우 강렬한 인상을 받아서 그런지 좋은 성적으로 이어졌다. 문제는 준후의 목소리가 너무 크기 때문에, 옆 교실에서 수업을 듣던 학생들까지 나에게 질문을 해 올 때 발생한다. 특히 여학생들이 준후의 음담패설을 듣고 나에게 질문을 해 오면 나는 도저히 뭐라 설명할 방법이 없었다.

준후의 폭풍이 지나가고 나면 건후는 나에게 조심스럽게 다가와 스스로 풀어 봤던 문제를 물어보았다. 답을 선택하는 과정 하나하나가 어찌나 꼼꼼하고 차분한지, 이 한 문제를 풀기 위해 얼마나 고심했는지 고스란히 느낄 수 있었다. 특히 건후는 내가 강조한 내용을 정말 충실히 잘 따르고 있었다. 어떤 때는 '내가 이런 말을 했었나?' 싶을 정도로 꼼꼼하고 차분하게 정리하면서 공부해 나갔다.

"선생님, 비문학 인문 영역에서요. 특히 철학 지문이 나왔을 때 일치, 유사, 상반의 알고리즘을 적용하면 모르는 내용도 유추가 가능하다고 하셨잖아요. 그래서 제가 하이데거의 이 실존 철학을 적용시켜 봤는데요. 여기서 실존의 의미는 전쟁 직후의 인간의 허무한 죽음과 비참한 삶을 지켜보면서…"

준후가 이렇게 깊이 있게 파고들면 나는 긴장할 수밖에 없다. 내가 주제넘게 이 똑똑한 아이에게 알고리즘 이야기를 했던가? 실존 철학? 하이데거? 아! 그러니까 내가 그런 말을 진짜 하기는 했나? 비문학 수업을 앞두고 급하게 어딘가에서 자료를 찾아 나도 모르는 이야기를 주절댔던 것 같기는 한데… 나는 머릿속이 막 복잡해지면서 다음에는 더 철저히 수업 준비를 해야겠다고 뼈저리게 반성했다.

건후와 준후는 이처럼 공부 스타일이 완전히 반대다. 건후는 하나하나 차분하게 조금이라도 낯설거나 정확하지 않은 어휘는 꼼꼼히 찾아보면서 공부한다. 특히 내가 늘 강조하는 한자 어휘의 정확한 의미를 짚어 보면서 용례까지 살펴보는 섬세함이 있었다. 영어에서 쓰는 문법 용어와 국어에서 쓰는 문법 용어가 미묘하게 차이가 난다는 것은 건후의 질문을 받고 나도 다시 살펴보게 된 부분이다. 건후가 문제를 틀리는 경우는 문제의 난이도 때문이 아니었다. 너무 꼼꼼하게 풀다가 시간이 부족해서 종종 뒷부분을 놓치기 때문이었다.

이에 비해 준후는 시험만 보았다 하면 큰소리를 쳤다.

"꾸아아하. 국어시험요? 그까짓 거 무조건 만점이지요. 다시 뭐 살펴볼 필요도 없어요."

물론 준후가 국어시험에 만점을 받는 경우는 많지 않았다. 대부분 말도 안 되는 자기만의 방식으로 독특하게 틀리고 한국어의 비효율성을 문제 삼았다.

"뽕쌤, 여기 이 문제 보세요. '먹다'의 다의어 관계 중심 의미와 주변 의미 문제인데요."

보기 '철수가 사과를 먹다.'

보기에서 쓰인 '먹다'와 다의어 관계가 유사한 것은?

① 할아버지가 나이를 먹다.　② 할머니가 귀를 먹다.

③ 종이가 물을 먹다.　　　④ 친구에게 한방 먹다.

⑤ 동생이 아침을 먹다.

준후는 아주 공격적으로 문제를 내민다. 어디 한번 맞혀 보라는 도도함이 엿보인다.

"이렇게 나오면 선생님은 몇 번으로 하실래요?"

"나 참, 질문 같은 걸 질문을 해라. 이게 고민거리나 되는 문제야?"

"그러니까 말 돌리지 마시고 몇 번으로 하실래요?"

"당연히 ⑤번이지."

"예? 아니 왜요? 이거 답이 ③번 아닌가요?"

"뭔 소리야? '철수가 사과를 먹다'와 유사한 다의어는 '먹다'라는 본질적 의미가 유사한 '아침을 먹다'가 답이지."

"그게 아니죠. 여기 보세요. 철수가 사과를 먹었다는 건 입에 뭘 넣고 삼켰다는 거잖아요?"

"그래. 그러니까 ⑤번이지."

"아니죠. 아침을 어떻게 먹어요? 아침밥을 먹었다고 해야지. 선생님은 아침을 먹을 수 있어요?"

"진짜 계속 이럴래? 관용적으로 그럴 수 있지. 그러면 너는 '종이가

물을 먹다' 이 말이 '사과를 먹다'에서 다의어의 중심적 의미와 왜 유
사하다는 거야?"

"그거야 당연히 종이가 물을 먹다가 맞는 거죠."

"왜?"

"종이라는 여자아이가 물을 먹었다, 이런 말이잖아요."

어휴 진짜. 이 와중에 종이라는 여자는 얼마나 목이 말랐으면 준
후의 머리에 들어가서 벌컥벌컥 물을 마시고 있었을까? 건후가 일단
이렇게 밀고 나가면 나는 더는 논쟁을 벌일 필요가 없었다. 종이는
계속 물을 마시면 되고 나는 찬물을 마시면 된다. 그러나 건후의 상
상력은 여기서 끝나지 않는다.

"그런데요, 뽕샘. '회사를 인수한다' 이런 의미가 있으면 '먹다'의 중
심 의미가 아니라 주변 의미가 되는 거 아닌가요?"

"그거야 그럴 수 있지. 실제로 음식을 먹는 게 아니라서 주변 의미
로 봐야지."

"그러면 여기 '철수가 사과를 먹다' 이 말도 '먹다'의 주변 의미겠
네요."

"야! 그게 왜 주변 의미야? 본질적 의미지."

"철수… 안철수가… 사과… 애플… 먹다… 인수했다. '안철수가 애
플을 인수했다' 이런 의미 아니겠어요? 건후야, 내 말이 맞지? 꾸아
아하!"

아! 어무이, 왜 나를 낳으셨나요? 종이는 왜 물을 먹고 안철수는

왜 또 애플을 먹었을까요? 나는 이제 더는 먹고 싶은 것이 아무것도 없어요.

준후와 건후는 이토록 달랐다. 건후는 하나하나 차분하게 풀어가는 스타일이 마치 여유를 가지고 시간을 낚으면서도 세상의 이치에 통달한 강태공 같았다. 준후는 잠시도 가만히 있지 않았다. 한곳에 앉아 물고기를 기다리는 일 따위는 상상할 수 없었다. 온 강물을 헤집어 놓고 꾸아하하 소리를 지르며 강물을 거슬러 올라가서 그물을 던지는 어부 같았다.

건후는 한국교원대에 갔다. 그곳에서 국어교육을 전공하고 임용고시에 합격해서 지금은 충남 보령의 한 고등학교에서 국어 선생님으로 재직 중이다. 건후가 그 착하고 맑은 눈으로 학생들에게 시와 소설을 가르치고 있는 모습을 상상하는 것만으로도 나는 행복하다.

준후는 동국대 경찰행정학과에 진학했다. 재학 중에 경찰간부 시험에 합격해서 경찰청 본청에서 근무하다가 지금은 세종 정부청사에 있다. 제복을 입은 준후의 모습은 너무도 늠름하고 멋있어서 보고 있는 것만으로도 저절로 미소 짓게 된다.

논리를 낚는 낚싯대 공부법 vs. 연결점을 찾는 그물망 공부법

영역별로 정해진 공부법이 따로 있는 것은 아니다. 그런데 학생의 성향이나 영역에 따라서 효율적인 공부법이 있다. 낚싯대를 드리우는 공부는 논리적인 추론을 요구하는 영역에 적합하다. 굳이 구분하자면 국어의 비문학(독서), 영어 독해, 사회문화, 윤리와사상. 어떤 글을 읽거나 상황에 접했을 때, '일치, 유사, 상반'의 알고리즘을 적용해 보라는 것은 능동적 사고의 중요성을 키우기 위한 것이다.

막연히 읽는 것만으로는 논리적인 영역을 극복하기 어렵다. 글의 제목이나 첫 문장, 내용일치 문제 등을 통해서 글 전체의 내용을 유추하고 주제를 탐색해 보는 훈련이 필요하다. 아무리 복잡한 내용이라도 단순하게 생각할 필요가 있다. 제한적인 정보를 통해 글 전체를 유추해 보면, '딱 들어맞거나(일치), 비슷하거나(유사), 완전히 다른(상반)' 경우로 나뉜다. 여기에서 일치할 때는 어떤 근거가 있었는지 다시 살펴보고, 유사할 때는 어떤 부분을 놓쳤는지 생각해 보고, 상반될 때는 오독의 원인이 무엇인지를 탐색해 보는 훈련이 필요하다. 이런 훈련이 반복되다 보면 아무리 어려운 글이라도 능동적으로 집중해서 읽어 낼 수 있다.

그물을 던지는 공부법은 국어 문법이나 고전시가, 한국지리, 세계지리, 한국사, 세계사, 동아시아사 등에 적합하다. 작은 것에 연연하지 말고 일단 넓고 크게 생각의 그물을 펼치는 것이 좋다. 처음에는 이질적으로 보이는 것들도 어느 순간에 서로 긴밀히 연결되어 있는 것이 보이기 시작한다. 국어 문법의 경우를 살펴보면 '음운, 단어, 문장, 의미' 등이 각각의 것으로 보이지만, 그물망처럼 넓게 펼쳐 공부하다 보면 긴밀히 연결되어 있는 것을 알 수 있다. 역사나 지리 같은 경우에도 부분적으로 공부하면 각각 개별적으로 암기해야 하지만, 넓게 펼쳐서 공부하다 보면 분명히 어느 순간 긴밀한 그물망이 연결되어 있는 것을 알 수 있다.

예를 들어, 한국사를 연대별로 공부하다 보면 선사시대는 어느 정도 쉽게 진행되다가 고조선으로 들어와서 이런저런 제도와 관련법을 암기하면서 어려워지기 시작한다. 그런데 각 영역별로 정치사, 경제사, 사회사, 문화사 등으로 연계하여 넓게 보기 시작하면 뜻밖에 긴밀하게 연결된 흐름을 읽어 낼 수 있다. 정치사의 경우에 '왕권 강화와 신권 강화'의 큰 흐름으로 분류하여 정리하다 보면 거기에 경제와 문화사까지 일정한 흐름에 따라 줄줄 연결되어 나온다.

나에게는 두 가지 중 어떤 공부법이 어울리는지 생각해 보고 과목과 분야에 맞게 적용하면 어느 순간 공부가 재미있어질 것이다. 자신에게 맞는 공부법을 발견하는 것만큼 행복한 일이 또 있을까.

예쁜 글씨의 마법

틀에박힌 글쓰기 공부로 틀 깨기

필기를 정말 잘하는 학생들이 있다. 돈을 주고 구입해서 그대로 출판하고 싶을 정도로 선생님 수업 내용을 잘 받아 적고, 포인트는 색 볼펜으로 강조하고, 형광펜까지 사용해서 형형색색 정말 깔끔하게 노트 정리를 한다. 이런 학생은 대부분 수업 태도도 좋다. 절반 이상의 학생들이 쓰러져 잠자는 오후 시간에도 초롱초롱한 눈빛으로 선생님을 바라본다.

그런데 안타깝게도 시험을 보면 참⋯. 막 비가 내린다. 수업 시간에 깜빡 졸았던 전교 1등에게 보여 줘도 나무랄 데 없이 노트 정리는 완벽한데, 막상 시험 점수는 잘 나오지 않는다.

서경이의 노트는 역대 최고 수준이었다. 일단 글씨를 참 잘 썼다. 매우 안정적이고 일정한 간격으로. 손 글씨가 아니라 특수 서체로 디자인한 인쇄물을 보는 것 같았다.

"이야, 아니 서경이 넌 어쩌면 이렇게 깔끔하니?"

글씨만이 아니라 서경이는 복장과 외모도 정말 놀라울 정도로 단정했다. 나는 진심으로 서경이의 태도에 연신 감탄했다. 수업 시간에 잠시도 흐트러지지 않는 아이, 교복을 입은 모습이 하도 돋보여서 학교 홈페이지 홍보 모델을 할 정도였던 서경이.

아, 그런데 세상은 공평한 건지, 잔인한 건지… 그 완벽한 외모와 엄청난 노력에 비해 시험 점수가 현저히 낮았다. 수학은 내신 6등급, 수능 모의고사는 7등급을 받은 적도 있었다. 그래도 한국지리는 내신 2등급이 나왔으나, 윤리와사상은 8등급을 받기도 했다. 따지고 보면, 내신 8등급은… 조금 미안한 말이지만 아예 공부를 하지 않았다는 뜻이다. 그런데 미스터리한 일은 서경이의 '윤리와사상' 필기 노트를 보면 깔끔, 세련, 일목요연 그 자체로 나무랄 데가 없었다.

고2 기말고사가 끝나고 서경이 부모님이 상담을 받으러 오셨다.

"우리 서경이도 대학에 갈 수 있을까요?"

모의고사 성적표와 생활기록부를 내놓는 서경이 어머니의 손이 가늘게 떨렸다. 서경이 아버지는 상담도 하기 전에 짧게 한숨을 내쉬었다. 고2 수능 모의고사 점수는 과목별 평균 합산이 국어 5등급, 수학 7등급, 영어 5등급, 사탐 합산 5등급대였다. 내신도 비슷한 상황이어서 한국지리를 빼고는 모두 5등급 이하였다. 나는 애써 침착하게 설명했다.

"대학이야 충분히 갈 수 있습니다. 어느 대학, 무슨 전공을 하느냐가 문제겠지요."

서경이 부모님이 원하는 답변은 그게 아니라는 사실을 알면서도, 나는 그렇게밖에 말할 수 없었다. 서경이 아버지는 원하는 대학 몇 곳을 아주 단호하게 언급했다.

"… 여기 아니면 아예 보내지 않을 생각입니다. 차라리 그 돈으로 미용 기술 배워서 일찍 취직하는 게 낫지 않겠습니까?"

이럴 때 나는 어찌해야 할지 모르겠다. 국어 선생에게 미용 기술을 배우면 어떻겠느냐고 물으면 뭐라고 대답해야 하지? 그리고 내 생각에 미용 분야는 상당히 전문적인 영역이라서 아무나 쉽게 성공할 수 있는 것도 아닌데….

나는 서경이 부모님에게 대학 배치표를 보여 주며 서경이 성적으로 입학 가능한 대학을 몇 군데 짚었다. 이제 고3이 되는 학생이나 학생의 부모님에게 섣부른 희망을 주는 것은 절대 금물이다. 한참 배치표를 보던 아버지는 한숨을 쉬며 말했다.

"예상은 했지만, 진짜 갈 수 있는 대학이 없네요."

나는 말없이 고개를 끄덕였다. 서경이 어머니는 눈물을 글썽였다. 서경이 아버지는 다소 거친 목소리로 나에게 따지듯이 물었다.

"무슨 방법이 없겠습니까?"

이렇게 물어보는 아버지들은 상당히 공격적이다. 자칫하면 한 대 맞을 수도 있다는 순간적인 긴장감이 들기도 한다. 서경이 아버지도 어딘가 모르게 해병대의 포스가 느껴졌다. 이 일을 오래 하다 보면 학생의 공부 수준은 물론이고, 그 부모의 직업, 심지어는 아버지의 군대 이력까지 백발백중 딱 맞추기도 한다.

"저기 아버님, 혹시 해병대 나오셨습니까?"

"예? 아니 그걸 어떻게 아시나? 혹시 원장님께서도 해병대 나왔어? 몇 기야?"

뭐, 아주 한순간에 학부모가 선생에게 반말 직행이다. 나는 살짝 위축되어 의자를 약간 뒤로 빼면서 조심스럽게 고개를 저었다.

"예, 저는 해병대는 아니고 특수부대 출신이라서…."

"특수부대? 특전사? UDT?"

"아뇨, 그런 건 아니고… 군사기밀이라 말씀드리기는 좀 그렇고…."

나는 누가 뭐래도 특수부대 출신이다. 너무 특수해서 쉽게 발설하면 안 된다. 그래도 굳이 캐묻는 사람이 있는데, JTP와 연관이 있는 부대로 알아줬으면 좋겠다. JTP가 뭐냐고? 으음 그러니까 그건… JEONTOO… POLI… 뭐 그런 건데… 굳이 더 알 필요는 없다. 이건 워낙에 국가 기밀이라서 진짜 지금 더는 말할 수 없다. 조금 더 보충해서 설명하자면 지금은 없어진 부대다. 한때 우리나라 전역을 사로잡았던 정말 대단한 특수부대였다. 길에서 밥 먹고 잠도 자고 거의 매일 싸움을 벌이던… 뭐 그 정도로만 알아줬으면 좋겠다. 혹시 우리 학생들 중에서 그래도 JTP가 무엇인지 궁금하면, 아버지에게 살짝 물어봐라. 주의할 점은 인터넷에 나오는 그런 JTP와는 전혀 무관한 대한민국 특수부대였다는 사실은 알고 있어야 한다.

일단 서경이 아버지는 내가 해병대 출신이 아니라고 하자 약간 실망한 듯했다. 이 와중에 서경이 어머니는 자꾸 군대 이야기를 나누는 남자들의 태도가 못마땅하다는 듯 이맛살을 찌푸렸다. 나는 본분으로 돌아가 입시 상담을 이어 갔다.

"지금 서경이 내신 상황이나 수능 모의고사 성적으로 봐서는… 정말 만만한 곳이 없습니다. 서울권이 아닌 지역의 대학 중에서도 특성화된 학과는 인기가 높아서…"

내 말에 서경이 부모님은 애처로운 표정을 지었다. 나는 기대에 부응하기 위해 히든카드를 꺼냈다.

"솔직히 이제 고3이 되는데 어떤 획기적인 점수 향상을 기대할 수는 없습니다. 특히나 서경이 공부 스타일로 봐서 급격한 성적 향상은 어렵다고 봐야 합니다. 다만 한 가지 방법이 있기는 한데…"

서경이 부모님은 '한 가지 방법이 있기는 한데' 이 지점에서 눈빛이 빛나기 시작했다.

"이대로는 분명 한계가 있습니다. 서경이는 정말 성실하고 무엇보다 글씨를 참 잘 쓰는 학생이라서… 논술을 한번 시켜 보는 것은 어떨까요?"

뜬금없는 논술 이야기에 서경이 부모님은 조금 당황하는 눈치였다.

사, 결론부터 말하면 서경이는 논술로 대학에 갔다.

글씨체와 논술의 상관관계를 묻는 질문을 자주 받는다. 그럴 때마다 나는 단호하게 말한다. 단정한 글씨는 논술에서 매우 중요한 요소라고. 그 어떤 대학 모집 요강을 살펴봐도 논술 채점 요소에 글씨체는 없다. 하지만 같은 내용의 답안지라면 단정하고 예쁜 글씨체로 작성된 쪽이 훨씬 신뢰가 간다. 이 말이 믿어지지 않는다면 반대의 경우를 생각해 보자.

논술의 영원한 주제인 '갈등과 조화'를 논제로 쓰는데, 글씨를 휘갈겨 써서 '잘릉와 소하'라고 쓴 듯한 답지는 일단 읽기가 싫다. 공식적으로 이야기를 하지 않을 뿐이지 또박또박 바른 글씨는 분명 평가에 긍정적으로 작용한다.

물론 글씨체가 합격을 결정한다고 할 수는 없다. 하지만 동일한 주제로 일정한 조건에 맞춰서 제한적인 공간에서 글을 쓰게 되면 학생들의 논술 답안은 대개 비슷한 수준을 보이는데(체계적인 교육을 받지 않은 일부 학생을 제외하고는 대부분 완성도는 비슷하다), 보기 좋은 떡이 먹기도 좋듯이 글씨가 바르면 더 잘 읽히는 게 당연하지 않을까.

논술시험은 독창적인 발상을 요구하는 창작 실기가 아니다. 주어진 자료를 충실하게 읽고, 출제 의도에 맞춰서 작성하는 시험의 특성상 군계일학의 특출난 글을 기대할 필요는 없다.

나는 서경이의 단정하고 깔끔한 글씨체를 보여 주면서 부모님에게 "지금은 논술이 가장 가능성 있는 전략입니다."라고 제안했다. 부모님은 호응해 주었고, 바로 영어학원에 가 있다는 서경이에게 문자를 보냈다.

그리고 마침내 나는 서경이의 논술 로드맵을 짜게 되었다.

아! 그런데 어무이! 왜 나를 낳으셨나요?

나는 내 발등 찍었다는 사실을 첫 수업에서 실감했다. 서경이는 글씨체만 단정하고 예쁜 학생이었다. 논술 제시자료를 전혀 읽어 내지 못했다. 출제 의도는 둘째 치고 제시자료를 통해 이끌어 낼 수 있는 일반화니 상위 개념화니 이런 정의를 전혀 이해하지 못했다.

그때부터 서경이의 틀에 박힌 논술 수업이 시작되었다. 보통 '틀에 박힌'이라는 표현은 상투적이고 진부한 것을 가리키는 부정적인 말이지만, 서경이 같은 학생에게는 반드시 이 틀이 필요하다. 일단 틀에 박혀야만 비로소 틀을 깨는 것도 가능하기 때문이다. 그리하여 내가 서경이에게 만들어 주었던 논술 1,000자 쓰기의 틀은 다음과 같다.

숫자는 문장 단위이고 예시문은 하나의 참고 자료로 살펴보면 된다.

서론 15%

① 갈등은 공존을 전제로 한다. (첫 문장은 포괄적이고 짧게)

② 어떤 대상과 갈등관계에 놓여 있다는 것은 함께 해야 한다는 바탕이 깔려 있다는 것이다. (첫 문장의 의미를 자세하게 설명)

③ 제시문 (가)와 (나)에 나타난 대립과 갈등은 바로 이런 공존의 가치를 전제로 하고 있다. (출제 의도에 맞게 제시자료와 연계)

① 제시문 (가)에서 사람들은 혐오시설을 둘 수 없다고 주장하면서 관계 기관 사람들과 대립하고 있다. (표면적으로 나타난 자료의 핵심문제 제시)

② 이런 문제는 제시문에서 언급된 것처럼 복잡한 이해관계가 상충되어 있어서 쉽게 해결되지 않는다. (앞 문장 보완 설명)

③ 제시문 (나)에서는 치매에 걸린 아버지를 두고 가족 간의 법적 책임에 대한 문제를 언급하고 있다. (표면적으로 나타난 자료의 핵심문제 제시)

④ 인간의 당연한 도리로 여겨졌던 일들이 법적인 의무관계로 변화되어 가는 문제를 보여 주고 있는 것이다. (앞 문장 보완 설명)

⑤ 이와 같이 현대사회는 복잡한 갈등관계에 있고, 이런 문제의 원인을 찾고 해결하기 위한 방안이 제시문에 나타나 있다. (단락 요약정리)

⑥ * 갈등 문제는 함께 풀어가야 한다는 전제가 깔려 있고, 이를 위해서 는 모두의 노력이 함께 필요하다는 것을 보여 주고 있다는 것이다. (앞 문장 요약에 대한 보완 설명)

① 갈등의 어원을 살펴보면 칡의 줄기인 갈(葛)과 등나무의 줄기인 등(藤) 이 복잡하게 얽혀 있는 것을 말한다. (주제어에 대한 의미 풀이)

② 칡과 등나무가 서로 대립하면서 살아남기 위해 치열하게 싸우고 있 는 상황이 바로 갈등이다. (앞 문장 보완 설명)

③ 그런데 칡과 등나무의 줄기 중에서 하나가 말라 죽게 되면 다른 쪽 줄

기도 결국에는 죽게 된다고 한다. (전환, 문제제기)

④ 표면적으로는 싸우는 것처럼 보이지만, 강한 비바람을 이겨 내기 위해서는 서로에게 버팀목이 되어 주고 있기 때문이다. (앞문장 보완 설명. 의미 확장)

⑤ 이런 맥락에서 살펴보면 제시문 (가)에서 발전소 건립을 막는 주민들의 행동과 제시문 (나)에서 부양문제를 두고 벌어지는 가족 간의 갈등도 해결방안을 찾아볼 수 있다. (중심논제 이끌어 내기)

⑥ 제시문 (가)의 주민들이 요구하는 오염물질 저감 방안, 발전소에서 제안하는 주민소득증대는 서로에게 필요한 대안이 될 수 있다. (해결 방안1)

⑦ 제시문 (나)에서 딸이 제안하는 큰아들의 요양병원 치료비 부담, 큰아들이 제안하는 상속 협조와 분배 문제 등도 결국에는 서로에게 필요한 사안이다. (해결 방안2)

⑧ 이처럼 갈등의 문제 속에는 해결의 방안도 함께 내포되어 있고, 그 기본 전제는 함께 살아가야 한다는 공존의식이 깔려 있다고 보아야 할 것이다. (단락 요약정리)

⑨ * 때에 따라서 갈등의 문제는 대립이 아니라 공동운명체의 진정한 가치를 보여 주고 있는 것이다. (앞 문장 보완 설명)

결론 | 15%

① 부재는 존재를 증명한다는 말이 있다. (마무리를 하기 위한 전환)

② 어떤 대상이 없는 것을 아는 순간 그것의 가치가 필요하다는 의미로

해석할 수 있다. (앞 문장 보완 설명)

③ 이와 같은 맥락에서 갈등은 상대방의 가치를 진정으로 다시 알아가는 과정으로 받아들이는 것이 바람직하다. (전체 요약정리)

④ * 갈등은 결국 나 혼자 살 수 없는 타인에 대한 존중과 배려를 일깨워 주고 있는 것이다. (앞 문장 보완설명)

이 글은 대략 1,200자 정도가 된다. 여기에서 〈본론1〉의 ⑥*, 〈본론2〉의 ⑨*, 〈결론〉의 ④*를 빼면 대략 1,000자 내외에서 글을 마무리할 수 있다.

미리 말해 두지만 이것은 1,000자 쓰기의 한 유형일 뿐이다. 대학마다 논술의 시험 방식이 다르고, 논제의 구성이나 출제 요건도 달라서 각기 다른 다양한 방식이 있다. 다만 논술을 처음 접하는 학생들은 이런 형식적인 요건을 갖추고 충분히 연습한 후에 다른 방식으로 발전해 나갈 수 있다.

내가 대학 입시 논술을 처음 준비하는 학생들에게 항상 던지는 질문이 있다. 하나의 문장은 띄어쓰기를 포함했을 때 몇 글자 정도가 좋을까? 내가 원하는 답은 50자 내외다. 물론 아주 강력한 주장을 할 때는 더 짧을 수도 있고, 자세한 부연 설명이 필요할 때는 더 길어질 수도 있다. 중요한 것은 기본적으로 한 문장은 50자 내외가 좋다는 것이다. 그러면 1,000자 쓰기는 '1,000÷50=20'으로 계산하면 대략 20문장 정도로 아래와 같은 큰 틀을 짤 수 있다.

　서론은 15% = 150자 = 3문장

　본론1 설명형은 28% = 280자 = 5~6문장

　본론2 주장형은 42% = 420자 = 8~9문장

　결론은 15% = 150자 = 3문장

여기에서 〈본론1〉의 ⑥*, 〈본론2〉의 ⑨*, 〈결론〉의 ④*와 같이 '*'표시를 한 문장은 글자 수 조절용으로, 1,000자가 넘을 때는 빼면 되고, 부족할 때는 넣으면 된다.

이는 대학 입시 논술시험의 취지에 맞지 않는 매우 비교육적인 방법이지만, 논술을 체계적으로 배우지 못한 학생들에게는 매우 유용한 형식적인 요건이 된다. 이런 틀에 박힌 1,000자 쓰기를 충분히 연습한 후에 대학마다 각기 다른 논술시험을 준비하면, 상당수의 학생이 자신의 글을 쓸 수 있게 된다.

논술 수업을 받는 서경이는 역시 성실하고 깔끔했다. 글씨체는 독보적인 명필이었다. 한 가지 아쉬운 점은, 틀에 박힌 글쓰기 연습을 충분히 한 뒤에도 틀에서 벗어나지 못한다는 것이었다. 제시문 분석도 여전히 제자리걸음이었다. 보통 3개월 정도 논술을 하면 어느 정도 자기 글을 쓰고, 논리적인 글쓰기의 요건을 갖춰 나가다 하지만 서성이는 아주 일관되게 단정한 틀에서 벗어나지 않았다.

나는 서경이에게는 수능국어 독서(비문학) 지문을 꾸준히 필사하게 하면서, 시사 칼럼을 정리해 오도록 했다. 그리고 사회문화와 윤리와 사상 과목의 교과 개념 내용을 매일매일 정리해서 외우도록 했다.

시사 내용과 연관 지어 교과 개념을 충실히 이해하고 있으면, 논술 시험에 매우 유리하다. 최근 논술시험의 문제는 교과서에서 벗어나지 않는다. 만약에 벗어나면 교육부 규범에 위배된다. 당연히 교과서에 나와 있는 것이고, 이것을 그해의 시사 이슈와 연관 지으면 논술시험의 방향은 자연스럽게 나온다.

서경이는 그 무더운 여름날에도 자세 하나 흐트러지지 않고 논술 시험을 준비했다. 그런데 9월 교육과정평가원 모의고사에서 특이한 일이 발생했다. 독서(비문학) 지문의 필사를 계속해서 그런지, 서경이가 국어에서 무려 4등급이 나온 것이다.

상위권 학생들은 국어 4등급이라고 하면 "그게 뭐 대단한 거야?" 라며 비웃을지 모르지만, 서경이는 난생처음 받아 보는 성적표였다. 한국지리는 여전히 안정세를 보이며 2등급을 받았고, 3학년이 되어 방향을 바꾼 사회문화는 3등급을 받았다. 이 성적 역시 서경이가 처음 받아 본 성적표였다. 교과목을 공부하기 위해서가 아니라, 논술에 필요한 개념을 수십 차례 반복해서 암기하고 정리한 덕분이었다. 영어도 4등급을 받았다.

9월에 수시 원서로 5개의 논술을 썼다. 막상 서경이가 원서를 쓰고 나니 군복 입은 서경이 아버지의 술 취한 모습이 또다시 떠오르기 시작했다. 나는 정말 악착같이 서경이에게 논술을 지도했다. 죽기 살기 생존형 폭력방지용 수업이었다. 그리고 합격자 발표가 나던 날, 꿈에 그리던 서경이의 전화를 받았다.

"뽕샘. 저 항공대에 합격했어요!"

다음 날 점심 때, 나는 아주 당당하게 서경이 부모님을 만나서 훈제보쌈을 얻어먹었다. 아주 단정하게 양복을 입고 정좌로 앉아 있는 서경이 아버지와 달리 나는 술에 취해 자세가 흐트러졌다.

"선생님, 특수부대 출신이라고 하셨는데 어딘가요?"

"아하, 그건 뭐 군사기밀이라 말씀드릴 수 없고… 기분 좋은데 술 한잔하시죠."

"아니, 저는 오후 근무가 있어서 안 됩니다. 어쨌든 선생님, 정말 감사합니다."

서경이 아버지, 해병대 출신인 그는 아주 공손하게 특수부대 출신인 나에게 술을 따라 주셨다. 때로는 군대식으로 규범에 따라 밀어붙여야 효과가 있다. 때로는 틀에 박힌 글쓰기, 틀에 박힌 교육이 필요하다.

틀에 박힌 글쓰기 공부로 틀 깨기

틀에 박힌 글쓰기의 핵심은 첫 문장을 간결하게 쓰는 것이다. 첫 문장이 간결하면 읽기가 편하고 내용의 방향성을 쉽게 잡을 수 있다.

틀에 박힌 글쓰기에서 또 하나 명심해야 할 것은 문장의 구성과 배열이다. ① 중심 문장 ② 부연설명 문장 ③ 예시 상세화 문장, 이 세 가지 구성 요소를 다양하게 배치해 보는 연습이다. 중심 문장은 핵심이면서 간결한 형태로 쓴다. 부연설명 문장은 간결한 개념을 자세히 풀어서 쓴다. 이때 유의할 점은 여기에 구체적인 사례나 통계 수치 등을 쓰지 않는 것이 바람직하다. 부연설명 문장은 어디까지나 중심 개념의 자세한 풀이라고 생각하면 좋다. 예시상세화 문장에서 사례와 수치 등을 쓰는 것이 좋다. 이러한 구성은 삼각형(△) 구조의 글쓰기라고 한다.

청년의 꿈은 세상을 변화시킨다.

청년의 꿈이 원대하면 그 사회는 바람직한 방향으로 발전해 간다.

광개토대왕이 만주벌판을 호령할 수 있었던 것은 청년 정신이 있었기 때문에 가능했다.

이런 틀을 갖추고 있으면, 때로는 예시상세화를 앞세워서 역삼각형(▽)으로 바꿔 쓸 수도 있고, 예시상세화 다음에 다시 간결한 형식의 요약정리로 마무리하는 다이아몬드형(◇) 글쓰기도 가능하다. 이런 문장의 구조

틀을 탄탄하게 갖추고 있어야 자신이 원하는 방향으로 자유롭게 글을 써 나갈 수 있다.

틀에 박힌 글쓰기의 마무리는 서술어의 다양성을 갖추는 것이다. 한국어는 대부분 '~다'의 형태로 종결된다. 이런 특성을 감안하더라도 학생들의 글을 읽어 보면 '~있다' 혹은 '~것이다'로 끝나는 문장이 반복되는 경우가 많다.

반복은 글을 따분하게 만든다. 의도적으로라도 서술어를 다양하게 써야 한다. 지금 바로 이 앞의 문장들을 살펴보면, '것이다, 된다, 많다, 한다'와 같이 다양한 서술어를 쓴 것을 발견할 수 있다. 이런 형식적인 요건을 갖추기 위해 노력하면 보다 더 체계적이고 풍성한 글을 써 나가게 된다.

사교육을 부추긴다는 이유로 대학 입시에서 논술시험을 폐지한다는 말이 나오고 있다. 그러면서도 2028학년도부터는 수능에서 글쓰기시험을 도입하는 정책을 추진하고 있다. 입시 방향을 떠나서라도 글쓰기 실력은 반드시 갖춰야 할 필수 요소다. 틀에 박힌 글쓰기 공부를 해야 그 틀을 깨고 자신만의 글을 써 나갈 수 있다.

국어의 여우 규철이

보기 '다음 중에서 가장 재미가 없는 글은?

① 조상의 내력이 담긴 족보

② 한자로 가득한 주역

③ 2종 운전면허시험을 위한 수험서

④ 독후감을 쓰기 위해 읽는 책

⑤ 정치인의 회고록

정답은? 특별하게 정해져 있지는 않다. 우리 조상들이 누가 있는 지를 찾아보는 것도 때로는 흥미롭다. 《주역》도 차분하게 읽다 보면 어느 순간 재미있게 느껴지기도 한다. 운전면허 시험을 위해 보는 책 도 이런저런 법령과 같이 읽다 보면 몰입하게 된다. 원래 의도한 답은 ④번이었다. 매우 역설적이게도 학생들의 책 읽는 즐거움을 빼앗는 활동이 독서 지도다. 체계적인 독서 지도는 분명 필요하다. 하지만 책을 읽은 후에 그 결과물을 제출하라고 하는 순간 책 읽기는 하나의 의무감으로 전락해 버린다.

국어와 논술을 중심으로 입시 지도를 하면서 이런 질문을 받을 때가 있다.

"뽕샘, 어떻게 하면 국어를 잘할 수 있을까요?"

나는 그럴 때마다 규철이 이야기를 꺼내곤 한다. 규철이는 여러 이유로 친구들 사이에서 '재수 없는 아이'로 통했다. 그렇다고 해서 요즘 아이들 말로 '아웃사이더'는 또 아니었다. 언제나 느긋하고 여유가 넘치며 분위기도 잘 맞추고 인기가 많아서 함께 있는 것이 유쾌한 아이였다. 그런 규철이가 재수 없는 아이로 소문이 났던 이유는 고3 첫 모의고사에서 국어 만점을 받았기 때문이었다. 규철이와 같은 반 아이들이 고개를 저으며 규철이를 성토했다.

"어휴, 그 자식은 진짜 재수 없어요. 문제를 풀다가 이게 왜 답이냐고 물어보면 '다른 게 답이 아니니까' 이런 헛소리나 하고 진짜 재수 없다니까요."

이런 규철이가 더 재수 없는 아이로 낙인찍힌 것은 6월 교육과정평가원 모의고사 때였다. 새로운 유형의 문제가 너무 많이 나와서 80점을 넘은 학생들이 많지 않았다. 그런데 규철이는 만점을 받았다

"아 진짜! 그 자식은 재수가 없어요. 한 시간 정도 풀고 잠을 자다

가 선생님에게 혼났는데도 만점이 나왔다니까요."

그런데 그날 이후 희한한 현상이 벌어졌다. 규철이네 학교 학생들이 전부 똑같은 책을 읽고 있는 것이었다. 제2차 세계대전에서 활약한 독일의 롬멜 장군 일대기를 그린 《롬멜 장군》이었다. 나는 그 책이 수행평가 과제인 줄 알았는데 알고 보니 규철이와 연관되어 있었다.

"너희들 고3이라 시간도 없는데 왜 그런 책을 읽어?"

나의 질문에 학생들은 규철이의 이야기를 들려주었다.

교육과정평가원 모의고사를 앞두고 규철이는 자습 시간에 항상 그 책을 읽었다. 심지어는 수업 시간에도 몰래 그 책을 읽다가 선생님들에게 경고를 받기까지 했다고 한다. 다른 학생들은 기출문제를 풀고 오답노트를 만들고 난리를 칠 때, 규철이는 롬멜 장군에 빠져서 사막의 여우가 되어 가고 있었다.

국어 공부에도 시기별로 유행이 있어서, 어떤 학생이 어떤 책으로 공부를 해서 점수가 잘 나왔다고 하면 삽시간에 그 책은 온 교실의 필독서가 된다. 그런데 규철이가 연속해서 국어 만점을 받으면서 관심이 집중되었을 때, 오직 《롬멜 장군》만 읽고 있다는 사실이 밝혀졌다. 심지어 한 번만 읽은 것이 아니라 그 책을 세 번째 읽고 있는 것이 알려지면서 거기에는 분명 뭔가 있다는 소문이 급속하게 퍼져 나갔다.

그렇다고 해서 《롬멜 장군》을 읽은 친구들의 성적이 올랐을까? 그냥 좋아서 하는 독서와 요령을 배우려는 독서의 결과가 같을 수는 없었다. 규철이는 그냥 《롬멜 장군》이 좋아서 읽었을 뿐이다. 이 책을 읽으면 공부에 도움이 된다는 생각에서 독서를 하는 것이 아니다. 그냥 읽는 것 자체가 즐거워서였다. 그런데 대부분의 학생들은 어떤 특별한 목적의식을 갖고 책을 읽게 되고 그 순간부터 읽기의 즐거움은 사라진다. 즐겁게 책을 읽는 것이 가장 최고의 국어 공부 방법이 된다. 참으로 무책임한 말처럼 들릴지 모르지만, 책 읽기의 즐거움에 빠진 학생을 이길 수 있는 방법은 없다. 반대로 말하면 책 읽기의 즐거움, 독서에 몰입한 학생은 그 어떤 문제가 출제되어도 흔들리지 않고 자신의 실력을 발휘할 수 있다.

중요한 시험이 끝나고 나면 학생들이 이런 질문을 한다.

"선생님, 저는 국어시험이 끝나고 나서 다시 살펴보면 모두 아는 문제거든요. 그런데 왜 시험 시간만 되면 집중이 안 될까요? 집중만 잘하면 국어는 정말 자신 있는데 집중해서 읽을 수 있는 방법이 있나요?"

이런 질문을 받을 때마다 참으로 안타깝다. 이 말을 다르게 표현하면 이렇게 된다.

"선생님, 저는 돈만 있으면 부자로 살 자신이 있는데 어떻게 하면 돈을 벌 수 있을까요?"

돈이 있어야 부자다. 그런데 돈만 있으면 부자로 살 수 있다고 하니 뭐라고 답변해야 할지 모르겠다. 국어 공부는 집중력을 높이는 방법을 터득하는 과정이다. 흔히 국어는 학습의 도구 과목이라고 한다.

국어 공부를 잘하는 학생은 수학이나 영어 과목에서도 좋은 성적을 거둔다. 다음 영어 문제를 살펴보자.

다음 글의 요지로 가장 적절한 것은?

We began helping in the kitchen when we each turned three years old. We're sure that, at that age, we were more of a hindrance than help, but because our mom thought cooking was a good learning tool, she tolerated all of the mess that we made. Of course, we didn't care about any of that learning stuff, we just thought it was fun, and we still do. We learned to cook through trial and many errors. We can't tell you how many times we have dropped eggs on the floor, coated the kitchen in flour, or boiled things over on the stove. The point is, if there is a mistake that could be made, we have made it. But, as our mom always says, mistakes are the best teachers. Through those mistakes we have learned what works and definitely what doesn't.

① 시행착오를 통해서 학습이 이루어질 수 있다.
② 주방에서 요리를 할 때 안전에 유의해야 한다.
③ 요리가 어린아이들의 신체 활동에 도움을 준다.
④ 어릴 때부터 정리하는 습관을 길러 줄 필요가 있다.

⑤ 사소한 실수를 줄이기 위해서는 신중함이 요구된다.

이 문제는 형식상으로는 영어시험이지만 실질적으로는 국어 능력을 요구한다. 해석하면 다음과 같다.

우리 각자가 세 살이 되고 나서 부엌일을 돕기 시작했다. 그때 우리는 도움이 된다기보다 방해만 되었을 것이다. 하지만 엄마는 요리가 좋은 학습 도구라고 생각했기 때문에, 우리가 저지른 모든 실수들을 참아 냈다. 물론, 우리는 배워야 할 것에 대해서 전혀 관심이 없었고, 그저 재밋거리로만 생각했으며, 지금도 여전히 그렇다. 우리는 많은 시행착오를 통해서 요리를 배웠다. 우리는 정말 많은 달걀을 바닥에 떨어뜨렸고, 몇 번이나 부엌을 밀가루 범벅으로 해 놓았으며, 스토브 위에 (음식을) 셀 수도 없이 끓어 넘치게 했다. 한마디로 할 수 있는 실수는 다 한 것 같다. 그러나 엄마가 항상 말하는 것처럼, 실수는 최고의 선생님이다. 그러한 실수를 통해서, 우리는 효과가 있는 것과 효과가 분명히 없는 것을 배워 왔다.

국어나 논술 수업에서 가장 중요한 것은 일반화 능력이다. 개별적이고 구체적인 사실을 통해서 포괄적인 상위 개념을 끌어내는 것이 일반화 능력이다. 일반화 능력이 갖춰진 학생은 하나의 글을 읽고 이를 통해서 무엇을 말하고자 하는지를 찾아낸다.

일반화는 특별한 개념이 아니다. 예를 들어 '남자, 여자'를 일반화

시키면 '사람'이 된다. '사람, 고양이'를 일반화하면 '동물'이 된다. 조금 더 나아가서 '동물, 식물'을 일반화하면 '생물'이 될 수 있다. 물론 무조건 상위 개념으로 묶는다고 해서 올바른 것은 아니다. 예를 들어 '남자, 여자'를 처음부터 '생물'로 일반화하면 틀린 것은 아니지만 국어 능력에서 요구하는 적절한 일반화라고 보기는 어렵다.

이 영어 지문에서 'trial and many errors'를 통해서 시행착오를 찾고, 전체적인 맥락에서 '실수를 통해 배울 수도 있다'는 것을 발견할 수 있어야 일반화에 성공한 글 읽기라고 말할 수 있다. 지금도 국어 공부를 통해서 무엇을 얻고자 하는지 모르겠다면 일반화의 원리를 공부해 보자. 국어 공부는 그저 몇 가지 문법과 문학에 대한 이해라고 생각한다면 역시 일반화의 의미를 되새기도록 하자.

규철이의 일반화 능력은 가히 천재적이었다.

일반화 능력을 발전시켜 글을 읽고 문제의 핵심을 잡고 조금만 더 깊이 있게 다른 문제로 적용시키는 연습을 하면 국어는 정말 재미있는 과목으로 와 닿는다.

"규철아, 이 문제 어떻게 푼 거야?"

"몰라. 나는 읽지도 않았는데 그게 그냥 답이라고 알아서 손을 들더라고."

규철이가 이렇게 말하면 학생들은 정말 재수 없다고 눈총을 주었다.

규철이는 문제를 정말 빨리 풀었다. 답지 어휘들이 스스로 답이라고 손을 들고 나오는 경험. 이것은 일반화 능력과 더불어 한자 어휘력 덕분이다. 국어 문제를 풀다 보면 얼마나 많은 한자어가 나오는가.

1.

① 말을 건네는 방식을 활용하여 시적 의미를 드러내고 있다.

② 반어적 표현을 활용하여 시적 대상의 특성을 드러내고 있다.

③ 공감각적 표현을 활용하여 화자의 정서를 구체적으로 드러내고 있다.

④ 원경에서 근경으로 시선을 옮기며 대상의 다양한 측면을 드러내고 있다.

⑤ 상승과 하강의 이미지를 활용하여 미래에 대한 비관적 전망을 드러내고 있다.

2.

① 1연은 다른 연에 비해 행의 길이가 짧으므로 대체로 느리게 낭송하고, 특히 '머언 바다'를 지향하는 화자의 정서가 잘 드러나게 해야겠어요.

② 2연은 다른 연에 비해 행의 길이가 길기 때문에 대체로 빠르게 낭송하고, 특히 '아주 내어 밀듯이'는 지상을 떠나고 싶어 하는 화자의 마음에 유의하는 게 좋겠어요.

③ 3연은 명령형 종결 어미가 반복되며 화자의 정서가 점차 고조되고 있으므로, 특히 마지막 행에서는 느낌표에 유의하여 격정적인 어조로 낭송하는 게 좋겠어요.

④ 4연은 다른 연에 비해 행의 수가 적어 음절수가 적으므로 대체로 느리게 낭송하고, 특히 '나는 아무래도 갈 수가 없다'는 좌절감이 드러

나는 어조로 낭송하는 게 좋겠어요.

⑤ 5연은 행의 길이가 짧아지고 있으므로 점차 빨라지는 급박한 호흡으로 낭송하고, 특히 '향단아'를 읽을 때는 체념적 어조로 낭송하는 게 좋겠어요.

3.

① [A]: 옹이가 박힌 느티나무 뿌리를 먼 길을 걸어온 발로 치환하는 상상력이 나타나고 있군.

② [B]: 화자는 느티나무에게서 동질감을 느끼며 느티나무와의 교감을 시도하고 있군.

③ [C]: 속살이 썩어 비어 가는 느티나무 몸통에 꽃을 피우는 풀의 모습에서는 자연물에 내재된 원리가 드러나고 있군.

④ [D]: 화자는 상처에 대한 인식의 전환을 통해 삶의 의미를 도출하고 있군.

⑤ [E]: 화자는 조금은 덜 외로우리라는 자기 긍정을 토대로 자연에 대한 경외감을 표출하고 있군.

오지선다형에서 정답을 체크하려면 꽤 많은 한자어를 알아야 한다. 자신이 모르는 어휘를 확실하게 정리해라. 특히 한자어를 먼저 체계적으로 정리하다 보면 일정한 어휘가 계속해서 반복된다는 것을 알 수 있다. 백번 강조해도 모자라다. 한자 어휘는 국어 능력과 직결된다.

규철이가 시험에서 국어 만점을 받지 못하는 경우는 출제 오류, 너무 일찍 풀고 침을 흘리며 자서 OMR카드가 손상되는 것. 딱 그 두 가지 이유뿐이었다.

"여기가 외고 규철이가 다니면서 국어에 재미를 붙였다는 그 학원인가요?"

신규 상담하는 부모님들은 꼭 이렇게 물었다. 국어의 여우 규철이 덕분에 학원은 꽤 유명세를 탔다.

뽕샘의 **공부법 콕콕!**

개념 일반화와 어휘 확장 공부법

공부에 왕도가 없다고는 하지만, 효율적인 공부 방법은 분명히 있다. 공부할 때 오답노트를 만들어야 할지 물어보는 학생들이 많다. 사람마다 다르겠지만 오답노트를 통해 공부에 효과를 보는 학생들이 있다. 하지만 규철이는 오답노트를 깡통 공부법이라며 걷어차기 딱 좋은 짓이라고 말했다.

규철이는 오답노트를 만드는 학생들을 이해하지 못했고, 오답노트를 만드는 학생들은 규철이를 이해하지 못했다. 사람마다 성향과 공부법이 다르기 때문에 누가 더 옳다고 할 수는 없지만 수능국어시험에서 만점을 받은 규철이의 의견을 새겨들을 필요가 있다고 생각한다.

"오답노트요? 괜히 어떤 수능 고득점자가 오답노트로 효과를 봤다고 하면 너도 나도 따라서 하는데 그럴 시간에 모르는 어휘나 하나 더 확실하게 정리하라는 게 낫지 않을까요?"

수능 다음 날, 국어 만점을 받은 규철이의 도도한 목소리가 지금도 생생하다.

"애들은 답답하게 남들 따라서 억지로 윗몸일으키기 공부를 해요. 선생님 말씀대로 윗몸내려치기를 왜 못할까요?"

윗몸일으키기는 끙끙거릴 정도로 매우 힘들다. 그런데 조금만 생각을 달리해 보면 윗몸올리기가 쉬울까? 윗몸내리기가 쉬울까? 당연히 윗몸내리기가 쉽다. 같은 동작을 반복하면서 윗몸을 올릴 때 힘쓰지 말고 윗몸을 내릴 때, 확 내려치는 것이 힘들지 않고 효과적이다. 윗몸을 과감하게 내리치면 그 반동으로 매우 편하게 몸을 올릴 수 있다.

오답노트 만들기는 어쩌면 윗몸일으키기 공부법일지도 모르겠다. 만드는 데 시간도 오래 걸리고 막상 활용은 잘 하지 않는다. 어휘 정리를 확실하게 하는 것이야말로 오답노트보다 더 효율적인 내려치기 공부법이 아닐까?

어휘를 정리해 두면 그 연쇄 효과는 가히 폭발적이다. 이것은 단순히 국어 공부에만 그치지 않고 다른 과목, 심지어는 영어나 수학에까지 적용할 수 있다.

자주 반복되는 어휘만 확실하게 정리해도 국어에 자신감이 생긴다. 영어 단어는 악착같이 외우면서 막상 한자 어휘는 소홀히 다루는 학생들이 정말 많다. 막연히 알기 때문에 막연히 정리하고 막연히 틀린다. 한자부터 확실하게 정리하는 것이 가장 우선적으로 필요하다. 이 공부법은 최상위권 학생이건 하위건 학생이건 상관없이 모두에게 필요하다.

다만 한 가지 확실하게 짚고 넘어갈 것은 누군가 정리해 준 어휘는 쓸모가 거의 없다는 점이다. 시중에는 국어 어휘 관련 책들이 정말 많다. 제재별, 유형별로 참으로 깔끔하게 정리되어 있다. 하지만 누군가 만들어 준 책은 언제든지 볼 수 있기 때문에 잘 보지 않는다. 다소 수고스럽고 조잡하더라도 자기 스스로 어휘 정리를 해야 한다.

어휘를 정리하는 방식을 고민하면서 보고, 어휘를 쓰면서 보고, 어휘의 의미를 찾아보면서 본다. 특히 중3이나 고1 학생들은 문제 풀이에 집중할 것이 아니라, 어휘 정리에 시간 투자를 더 많이 할 것을 권한다.

어휘는 생물이다. 일단 어휘의 씨앗을 뿌려 놓으면 《재크와 콩나무》의 콩나무처럼 쑥쑥 자라 올라서 공부가 정말 재미있어진다.

초밥이 그렇게 맛있을 줄이야

예체능계 특기생들 완자감 만들기

초밥이 맛있어 봤자 뭐 얼마나 맛있을까? 일본 유명 초밥집에선 가격이 정해져 있지 않고 손님이 알아서 돈을 내고 먹기도 할 만큼 맛이 좋다는데 나에게는 그다지 와 닿지 않았다. 초밥이 다 거기서 거기겠지 싶었다. 그런데 초밥, 내가 우습게 여겼던 바로 그 초밥 때문에 아주 골치 아픈 학생 두 명을 가르치게 되었다.

예체능 계열 전형에서는 국어, 영어, 수학, 사탐 중에서 한 과목만 4등급 이상이면 수능 최저 등급 요건을 갖출 수 있다. 그러다 보니 상당수의 학생들이 국어와 탐구영역에 집중하는 사례가 많다. 특히 국어는 그래도 한번 해 볼 만한 과목이라는 생각으로 간절하게 공부하기도 한다.

예고 국악과 여학생 두 명이 상담을 왔는데, 이건 '완전 무식의 종합선물세트' 그 이상도 이하도 아니었다. '완무종'들의 공통된 특징이 있다. 일단 매우 해맑다. 세상 뭐 별거 있냐는 듯이 킥킥거리며 자기들끼리 수다를 떨고, 내 머리 스타일을 보고 깔깔거린다. 도대체 입시에 짓눌린 고등학생의 우울함 따위는 보이지 않는다. 완무종의 또 다른 특징은 하나에 집중하지 못한다는 것이다. 이야기를 할 때도 한 가지 주제로 집중해서 나아갈 수가 없다.

"그러니까 혜영이는 가야금 전공이고, 자영이 너는 거문고 전공이랬지?

"예."

"그 전공은 한예종밖에 없어?"

"아뇨, 다른 곳도 있어요. 그래도 한예종이 최고잖아요."

"수능심화 공부는 해 봤어?"

"아뇨, 선생님은 거문고 해 봤어요?"

"나야 못 해 봤지."

"저도 그런 건 못 해 봤죠. 선생님 거문고가 몇 줄인지 아세요?"

"거문고가 12줄인가?"

"에헤에에, 거문고가 몇 줄인지도 몰라."

자영이의 말에 두 분의 완무종께서는 그 순간부터 서로 얼굴을 마주보며 깔깔거리고 웃기 시작했다.

아! 시작부터가 난관이었다. 아니, 내가 거문고 몇 줄인지를 모른다고 해서, 이 애들에게 이렇게까지 놀림을 받아야 하는 것일까? 나는 애초에 이 수업이 불가능하다는 판단을 내렸다. 어떻게 손을 써 볼 수 있을 것 같지 않다는 직감이 들었다. 그래도 함께 상담을 오신 어머니들의 표정이 하도 간곡해서 기출문제를 보면서 간단히 설명을 시작했다. 일반고 상위권 학생들도 어려워하는, 측은지심(惻隱之心), 수오지심(羞惡之心), 사양지심(辭讓之心), 시비지심(是非之心) 이런 말들이 한글을 표기하지 않고 한자로만 나오고 있었다.

수능국어 공부를 체계적으로 하지 않은 학생들은 일단 어휘부터 접근하는 것이 효율적이다. 나는 지문에 나오는 측은지심(惻隱之心), 수오지심(羞惡之心), 사양지심(辭讓之心), 시비지심(是非之心) 등의 한자 어휘를 설명하면서 조금이라도 쉽게 접근할 수 있도록 노력했다. 하지만 우리의 순수 영혼 완무종 두 분은 내용 파악은 그만두고, 무슨 말을 썼는지 읽어 내지도 못하고 있었다. 그래도 참으로 기적적인 일은 가야금 전공인 혜영이가 손을 번쩍 들었다.

"선생님. 저 이 글자 알아요. 이거 마음 심 자 맞지요?"

혜영이는 너무도 자랑스러운 표정을 지었고, 자영이는 감동의 박수를 보냈다. 아 그런데⋯ 이 완무종들이야 그렇다 하더라도, 혜영이와 자영이 어머니 두 분까지 너무 좋아하며 박수를 치는 것이었다. 아니 고3이 마음 심(心) 자 하나를 읽어 냈다고 해서 이렇게 극찬을 받아도 되는 것일까? 어느 순간 나도 완무종의 대열에 합류하여 박수를 치고 있었다.

"어 그래, 혜영이 아주 잘했네. 그럼 자영이는 아는 글자 없어?"

나는 최소한 갈 지(之) 자 하나 정도는 읽어 낼 수 있지 않을까 하는 마음으로 자영이를 바라보았다. 그때 자영이의 해맑은 표정을 지금도 잊을 수가 없다. 아주 당당하고 투명한 눈빛으로, 기출문제에는 눈길 한번 주지 않고 나를 바라보면서 이런 마음의 소리를 전해 주었다.

'선생님 나한테 왜 이러세요? 빨리 그냥 넘어가요.'

나는 자영이의 그 눈빛을 읽는 순간, 수업은 끝내 어렵다는 것을 알았다. 애초에 서로 고생할 일이 아니었다. 입시 방향을 다시 잡아서 가야금과 거문고를 미친 듯이 뜯는 것이 서로에게 이익이라는 생각을 했다.

우리의 해맑은 완무종들이 헤헤거리면서 돌아가고, 다음 날 어머니들에게 전화를 했다. 혜영이 어머니는 어느 정도 각오했다는 듯이 알았다고 말씀했다. 그런데 자영이 어머니는 개별 수업을 하기는 어려울 것 같다고 했더니 한동안 아무 말씀이 없었다.

"죄송합니다, 어머님. 일단 우리 아이들이 기초 어휘를 잡아 가야 하는데, 제가 지금 그런 기본 한자까지 가르치면서 하기에는 시간이 너무 없네요."

"저기 원장님, 그래도 어떻게 한번 안 될까요?"

"죄송합니다. 한예종 문제는 일반고 학생들도 어려워하는 것이라서…."

"저기 원장님 사실은… 우리 자영이가 요즘에 거문고 실기두 안 가고 있어요."

"예? 실기시험이 이제 얼마 남지 않았던데요?"

"예. 요즘 점점 자신이 없다면서 실기 레슨하고 오면 울고불고 난리네요."

"그래도 지금까지 해 온 게 있는데…"

"에휴, 그러게 말이에요. 어려서부터 몸이 약해서 너무 응석받이로 키웠나 봐요. 저기 원장님, 혹시 실례가 되는 말씀일지 모르는데 교육비 때문에 그러신 거라면…"

"아니, 어머님! 그게 아니라, 지금 한자까지 하면서 준비하기에는 진짜 시간이 없습니다."

"원장님, 그러지 마시고… 일단 내일 점심 식사하시면서 말씀드릴게요. 제가 혜영 엄마가 운영하는 일식집으로 모실게요."

아! 나는 그때 일식집이라는 말에 넘어가지 말았어야 했다. 상담 전화를 할 때 내가 매우 배가 고픈 상태이기도 했지만, '혜영 엄마가 운영하는 일식집'이라는 말에 엄청난 기대감을 갖게 되었다. 내 머리에는 각종 해산물과 다양한 스끼다… 아니, 다양한 밑반찬이 마구 그려졌다. 기껏해야 일식이라고는 우동과 라멘이나 먹던 나는 상상만으로도 행복했다. 나는 마지못해 나가는 척하면서 다음 날 점심 약속을 잡았다.

혜영이 어머님께서 운영하는 일식집은 백화점 대로변의 7층에 있었다. 일단 입구에 들어가는 순간부터 완전히 후지산 정원을 걷는 기분이었다. 나는 망둥어 한 마리를 잡아서 대갓집 마나님 댁에 팔러 온 삼돌이가 된 기분이었으나, 용기를 내서 안으로 들어갔다. 가장 안쪽에 자리 잡은 귀빈실에서 나는 난생처음 화려한 일식 상차림을 맞이했다. 싱싱한 회도 맛있었고, 바삭한 튀김도 맛있었으나… 아! 초밥. 이놈의 초밥이 문제였다. 아니, 초밥이 세상에 이런 맛이었어? 그러면 내가 그동안 결혼식장 피로연에서 먹었던 그 애들은 초밥이 아니었나? 이건 뭐 젓가락을 집어 입안으로 들어가기도 전에 그냥 녹아 버렸다.

아! 나는 진짜 그러면 안 될 일이었다. 최소한 학생들을 가르치는 원장으로 학부모와 상담을 하기 위해 간 자리에서 그렇게 초밥을 먹으면 안 되는 일이었다. 하지만 그 놀라운 초밥의 맛은… 차갑지도 뜨듯하지도 않은 그 미묘하고도 적절한 온도를 머금은 밥풀과 혀끝에 착착 감겨드는 생선살의 완벽한 조합에 무너져 체면이고 나발이고 차릴 수가 없었다. 나는 그저 초밥에 취해서 상담도 제대로 하지 못하고 무조건 완무종 두 분을 위한 수업을 해 주기로 약속했다. 아! 웬수 같은 초밥.

그다음 날부터 고난의 행군이 시작되었다. 혜영이와 자영이는 오후 2시면 학교를 나와서 논술시험 준비를 했다. 일반고 학생들은 아무리 빨라도 5시는 되어야 하는데, 예고는 자유로운 편이어서 시간표를 수월하게 짤 수 있었다. 나는 먼저 가장 기초적인 한자부터 가르쳤다.

"자. 여기 봐라. 이건 정저지와(井底之蛙)라고 읽어. 여기 이 근기는 ᄒ 빌 ·싱(井) 사야.

내가 한마디 하면 그냥 받아 적으면 좋을 텐데 완무종께서는 꼭 따지고 들었다. 자영이가 교재에 사람 얼굴을 그리다가 고개를 번쩍 들었다.

"선생님, 그게 뭐라구요? 그거 샵(#) 표시 아닌가요?"

"딴소리하지 말고, 이건 우물 정이야. 그다음 글자는 어려우니까 넘어가고, 여기 이 글자는 갈 지(之) 자야. 이건 정말 기본 글자니까 외워 둬."

"아니 선생님. 저건 샵이 맞는데 왜 그러세요? 저건 샵저지와라고 읽으면 안 돼요? 에헤헤."

아! 어머님. 왜 저를 낳으셨나요? 정저지와를 샵저지와라고 떠들어 대는 이 인간들을 제가 꼭 가르쳐야만 하는 것인가요? 나는 완무종과의 1차전에서 완전 패배를 하고 이런저런 헛소리를 하면서 첫 수업을 마무리했다. 그리고 다시 자영이 어머님께 전화를 걸었다.

"어머님. 저기 아무래도 우리 애들 수업은…."

"아이고 선생님! 정말 감사드려요. 우리 자영이가 선생님 수업이 너무 재미있다며 선생님 목소리를 흉내 내요. 너무 좋아하네요."

"아니 저기… 어머님, 그게 아니라…."

"선생님 초밥 좋아하시지요? 내일은 제가 혜영 엄마한테 부탁해서 초밥 도시락 보내드릴게요."

초밥. 초밥. 아! 그놈의 초밥. 나는 또 초밥의 유혹에 못 이겨 수업을 하지 못하겠다는 말을 단호하게 하지 못한 채 완무종과의 수업을 이어 갈 수밖에 없었다.

나는 약간 수업 전략을 바꿔서 재미있게 한자를 풀어 갔다.

"자아, 여기 봐봐. 이건 우물 정(井) 자인데, 이 안에 이렇게 점을 찍으면 어떻게 될까? 혜영이가 말해 볼래?"

"우물에 왜 점을 찍어요?"

"아니 그러니까 그렇다 치고… 이 우물에 돌을 하나 던지면 어떤 글자가 될까?"

"그걸 제가 어떻게 알아요?"

"아 그러니까 내 말은… 이 우물에 돌을 던지면 퐁당 퐁 자가 되는 거야."

똑똑한 초등학생들도 이 정도면 말귀를 알아듣고 재미있게 수업을 할 수가 있었다. 하지만 우리의 완무종 두 분은 '이게 뭔 소리래?' 이런 표정으로 나를 바라보았다.

"자아, 그럼 여기 보자. 이건 수풀 림(林)인데, 이 안에 남(男)과 여(女)가 들어가 있으면 무슨 뜻이 될까?"

나는 나무 목(木) 자를 양쪽에 쓰고 그 안에 男女(남녀)를 써넣었다. 완무종 두 분은 아주 심각한 표정으로 따라 적기만 했다.

"자아, 얘들아 생각해 봐. 나무로 둘러싸인 숲에 남자와 여자 단둘이 있어. 이게 무슨 뜻일까? 그건 바로 뻔할 뻔 자야."

나는 제발 이 말뜻이 전달되기를 기대했으나 우리의 완무종은 무덤덤한 표정으로 나를 바라보았다. 그러다가 갑자기 자영이가 고개를 번쩍 들더니 깔깔거리며 웃기 시작했다. 혜영이는 영문을 몰라서 멀뚱멀뚱 자영이를 바라보기만 했다. 잠시 뒤에 웃음을 멈춘 자영이가 혜영이에게 귓속말로 한참을 속삭였다. 그러자 혜영이가 책상을 쳐 대며 웃기 시작했다. 그러면서 서로가 상대방을 쳐다보며 또 깔깔거리기 시작했다. 아! 뻔할 뻔 자로 한 시간 수업을 다 보낼 정도로 나는 뻔뻔한 수업을 해야만 했다.

나는 아이들에게 가장 기본적인 한자를 가르치면서, 그 말들을 조합해서 한자 그림을 그려 오라는 과제를 냈다. 교육자의 양심을 걸고 고백하건대 정말 고3 학생들을 데리고 할 수업은 아니었다. 그래도 일주일에 월수금 수업을 반복해서 하다 보니 우리 완무종 두 분은 조금씩 가장 기본적인 한자는 읽을 수 있게 되었다.

나는 그다음 단계로 사자성어 수업을 해 나갔다.

"애들아. 여기 사자성어가 있으면 모르겠다고 포기하지 말고 끊어 읽어 봐. 예를 들어, 여기 동분서주(東奔西走)가 있잖아. 그러면 먼저 첫째 글자와 셋째 글자인 동서를 먼저 읽고 그다음에 둘째와 넷째 분주를 읽어 보면, 동서로 분주하게 다닌다 이렇게 생각해 볼 수 있지."

얼마나 깔끔한 설명인가? 내가 생각해도 참 알기 쉽고 재미있는 수업이었다. 하지만 완무종들에게는 통하지 않았다. 자영이가 한참을 고민하더니 손을 번쩍 들었다.

"선생님! 동분서주는 동서 먼저 읽고 분주 나중에 읽으라고 하셨잖아요?"

"으음 그렇지."

"그러면 여기 이 자초지종(自初至終)은 어떻게 읽어요?"

아! 어머님. 왜 저를 낳으셨나요? 열아홉 이 젊은 청춘들이 40대 아저씨를 놀리는 이 상황을 제가 어떻게 극복해야 하나요?

나는 그 이후로도 수없이 이 완무종들과 결별하기를 끊임없이 시도했으나, 매일매일 달라지는 초밥 도시락의 유혹을 이겨 낼 수가 없었다. 거기에 가끔 곁들여오는 튀김은 또 어찌나 바삭하고 맛있는지 도대체 혜영이네 일식집에서는 무슨 일이 벌어지고 있는지 수상한 생각까지 들었다.

너무도 맛있는 초밥과 튀김을 먹다가 나는 이 완무종들을 조금 더 획기적으로 가르칠 수 있는 방법이 없는가를 끊임없이 연구했다. 그때 터득한 방법이 예체능계 학생들이 전공하고 있는 분야의 어휘를 활용하는 것이었다. 예체능 계열 학생들은 고 2~3 정도가 되면 자신의 분야에서 상당히 뛰어난 실력을 갖춘다. 그 학생들이 잘 알고 잘하는 분야의 어휘를 활용해서 국어로 끌어들이고, 발전시켜 나가면 매우 효율적이다.

나는 가야금과 거문고 관련 전공 서적을 가져오게 했다. 예상했던 대로 거기에는 다양한 한자 어휘가 나왔다. 혜영이는 가야금 관련 어휘가 나오자 눈이 반짝반짝해졌다. 국어책에 나와 있는 어휘 공부를 할 때는 볼 수 없던 모습이었다. 자영이도 마찬가지였다. 거문고 관련 어휘가 나오자 아주 자신감 넘치게 이런저런 수다 보따리를 풀어

놓았다.

정저지와(井底之蛙)를 읽을 때는 샵저지와가 아니냐고 장난을 치던 아이들이, 우리 국악의 악보인 정간보(井間譜) 이야기를 하자 서로 자기들의 지식을 자랑하기에 바빴다. 예체능계 학생들은 자신의 전공에 대한 자부심이 대단하다. 그래선지 그때의 눈빛은 자신감을 가득 담고 있었다. 나는 그 눈빛을 잊을 수가 없다.

국악 악보를 비롯해 가야금 관련 어휘와 거문고 관련 어휘를 활용해서 500자 정도의 한자를 추출해 냈다. 국악에서 사용되는 한자 어휘를 집중적으로 암기하게 시키고, 이 어휘를 확장시켜 나가면서 답지 어휘에 접목시켰다.

중간중간에 자신들이 잘 알고 있는 어휘가 나오자 완무종들은 완전 자신감을 회복한 '완자감'들이 되어 갔다. 자영이는 국어 3등급이 나왔고 혜영이는 4등급이 나왔다. 결국 자영이는 한예종 국악과에 합격했다. 안타깝게도 혜영이는 재수를 했지만 재도전해서 적성을 살리는 다른 대학에 갔다.

초밥 때문에 정말 힘들게 이끌고 간 수업이었으나 마음만 먹으면 넘기 힘들다는 한예종도 보낼 수 있음을 체감한 행복한 시간이었다.

예체능계 특기생들 완자감 만들기

'아는 맛이 무섭다.'는 말이 있다. 국어 선생의 입장에서 무섭다는 표현이 여기에 적절한지 고민할 때가 있지만, 사람들은 아는 것은 결코 포기하지 않는다. 잘 알고 있기 때문에 포기할 수 없고 결국 어떤 어려움이 있어도 좋아하는 것은 하게 되어 있다.

예체능계 수험생들은 내신과 수능에 집중하는 일반 수험생들에 비해 기초 실력이 부족하다. 상대적으로 예체능에 시간 투자를 많이 하기 때문이다. 그래서 예체능계 수험생들에게는 자신의 전공과 연계된 어휘 학습이 매우 효과적이다.

가야금을 전공한 혜영이 같은 경우에는 평사낙안(平沙落雁)이나 안분지족(安分知足) 같은 어휘가 나오면 처음부터 기가 죽어서 애초에 살펴보려고도 하지 않았다. 그런데 거문고나 가야금의 악기 줄을 얹어 놓는 받침대를 안족(雁足)이라고 한다. 기러기발 모양을 닮았다 해서 기러기 안(雁) 발족(足)인 안족이다. 이 어휘를 한자와 연계시켜서 집중적인 암기와 반복 학습을 했더니 평사낙안(平沙落雁)에서 안(雁)의 기러기가 모이기 시작하고, 초등학생 때 이미 배웠다가 기억의 어두운 창고 저 안쪽에 숨어 있던 발 족(足)이 생각났다. 그리고 비로소 안분지족(安分知足)의 삶이 무엇인지 기억을 되살렸다.

다른 건 몰라도 내 전공에 나오는 어휘만큼은 자신이 있다는 '전공부심'의 빛을 발휘하기 시작하면, 공부는 충분히 해 볼 만하다.

예체능계 특기생들에게 간곡히 전한다.

두려워하지 마라.

엄마에게 말을 배우기 시작하면서, 아니 조금 더 모국어의 영역을 확장하자면 엄마의 배 속에 있을 때부터 너는 한국어와 함께 살아왔다.

두려워하지 마라.

입시는 너에게 보이거나(○) 보이지 않거나(●) 그 중간 어디쯤에서나(◐) 항상 너에게 희망을 주고 있다.

네가 한 번만 용기를 내서 손 내밀면 된다.

딱 보면 척 아는 입시 도사

찬기의 첫인상. '정말 싸가지 없는 자식'이었다. 상담실을 열고 들어오는 찬기 어머니는 녀석의 눈치를 보기 바빴다. 들어오면서부터 찬기는 나와 눈도 마주치지 않고 어머니에게 짜증을 부렸다.

"아! 난 하기 싫다고. 엄마나 하라고."

나는 '이런 싸가지 없는 자식'이라는 말이 저절로 입가에 맴돌았다. 찬기 어머니는 나와 아들의 눈치를 번갈아 살피며 어쩔 줄 몰라 했다. 나는 어머니가 찬기 옆에 앉기 전에 나지막이 물었다.

"야, 막내아들아! 니 누나 공부 잘하지?"

찬기는 투덜거리느라 내 말을 잘 듣지 못한 것 같은데, 어머니는 깜짝 놀라며 나를 바라보았다.

한 가지 일을 오래 하다 보니 도사가 되었다. 오랫동안 수많은 학생과 어머니를 만나 상담하면서 상당한 공통점을 발견해 왔다. 그날 상담을 하는 순간에도 바로 그런 공통점이 드러났다.

엄마가 아들에게 쩔쩔매며 들어온다. 문도 열어 주고 의자도 꺼내 주며 아들의 눈치를 본다. 남자아이는 엄마 외에 다른 어른이 있는데도 투덜거리며 짜증을 부린다.

이럴 때 노련한 상담가는 두 가지 정황을 잡아낼 수 있다. 첫 번째, 이 싸가지 없는 남자아이에게는 누나가 있을 가능성이 매우 높다. 특히 엄마가 쩔쩔매는 강도가 심할수록, 이 싸가지에게는 두 명 이상의 누나가 있을 것이다. 두 번째, 그 누나들은 대체적으로 공부를 잘할 가능성이 매우 높다. 왜 그럴까? 일단 어머니들은 첫째에게는 비교적 엄격한 편이다. 첫째에 대한 기대가 높아서 잘 키워야 한다는 생각에 어려서부터 예의범절을 가르친다. 또한 첫째들은 동생이 생기면 어려서부터 자연스럽게 의젓해지고 확률적으로 공부도 잘한다.

딸을 연속해서 낳고 아들을 하나 낳을까 말까 망설이다가 늦둥이로 아들을 본 어머니들은 어쩌면 그렇게 비슷한지…. 막내아들에게 거의 꼼짝하지 못한다. 나에게 상담을 받으러 오는 학생의 부모들은 기본적으로 공부를 잘하게 될 거라는 기대감을 가지고 오신다. 큰딸과 둘째딸 모두 공부를 잘하니, 막내아들에 대한 기대도 저버릴 수 없는 것이다. 만약에 위로 두 딸들이 공부를 못하면, 막내아들을 데리고 굳이 나에게 상담하러 오셨을까?

이 통계와 관찰력으로, 자리에 앉기도 전에 "야, 막내아들아! 니 누나 공부 잘하지?" 이렇게 말해 버리면 이미 상담은 끝난 것이나 다름 없다. 한마디 말도 꺼내지 않았는데 막내아들이고, 누나들이 공부를 잘한다는 것을 맞춰 버렸잖은가. 이미 판세는 내 쪽으로 기울기 시작한 것. 나는 이미 감동받을 준비가 되어 있는 찬기 어머니에게 하나 더 신통한 도사다운 면모를 유감없이 발휘했다.

"우리 막내아들은 치킨 하나는 아주 여한 없이 먹겠네."

그 순간 찬기 어머니는 입을 벌리고 다물지 못했다. 그때 찬기 어머니는 표정만으로도 이렇게 말씀하는 듯했다.

'내가 이거 학습 진로 상담을 받으러 온 게 맞아? 여기 혹시 점집 아냐?'

막내아들 찬기는 어떻게 치킨을 여한 없이 먹을 수 있을까? 이건 아주 일차원적인 관찰이다. 일단 찬기 어머니에게서 기름 향이 났다. 어머니의 손가락 끝은 매우 뭉툭했고 어두운 주방에서 오래 일한 사람이 가진 특유의 창백함이 서려 있었다. 이 정도는 돼야 계룡산 도사 선생이라는 소리를 들을 수 있다.

부모가 늦은 시간까지 치킨 집을 운영하면서 세 아이를 키운다. 위로 누나가 둘은 있어 보일 정도로 남자아이가 싸가지가 없다. 남매만 있는 집에서는 둘째를 막내라고 하지 않는다. 최소한 셋은 있어야 마지막으로 태어난 아이는 막내라는 소리를 듣는다. 그리고 누나들이 공부를 잘하다 보니, 그 기대감으로 어려운 가정 형편에도 불구하고 공부를 하기 싫어하는 아이를 나에게 데려온다.

이 정도 되면 이제 싸가지 없는 사춘기 아들도 나에게 관심을 보이기 시작한다.

'어라? 이 아저씨 뭐지?'

뭐긴 뭐야 인마! 너를 입시 천국으로 인도하실 도사님이다. 나의 강렬한 눈빛과 재수 없는 거들먹거림에 싸가지 없는 아들은 어느새 순한 양으로 살짝 변해 간다. 이런 상황에서 군이 대학이 어떻고 입시가 어쩌고는 중요하지 않다. 이미 게임 끝난 마당에 그런 구태의연한 상담이 필요하겠나. 찬기의 큰누나가 얼마나 똑똑한지 이야기하는 것보다 공부 잘하는 작은 누나의 까칠함에 대해 함께 욕해 주면 된다.

이것도 참 오묘한 통계인데, 큰딸은 대개 막내 동생에게 참 친절한데 둘째딸은 온갖 피해의식에 휩싸여 있는 경우가 많다. 특히 할머니라도 살아 있으면, 딸 딸 이후에 얻은 귀한 손자에 대한 편애가 심하다. 그래서 둘째딸은 할머니가 와도 인사조차 하지 않는다. 그리고 시간 날 때마다 재수 없는 남동생을 잡아먹으려고 한다. 그들은 아주 어렸을 때부터 톰과 제리 같은 긴장 관계일 가능성이 매우 높다.

"야, 네 작은누나는 진짜 재수 없지?"

"선생님이 그걸 어떻게 아세요?"

"내가 인마! 지금은 이런 모습으로 있지만 사실은 입시 점쟁이야."

찬기는 믿을 수 없다는 표정이지만, 설마 혹시나 하는 마음으로 나를 다시 바라보았다.

"어디 보자. 어디이 한번 살펴보자. 이 버릇없고 엄마에게 짜증이나 부리는 막내아들이 어느 대학에 가는지 한번 보자."

내가 지그시 눈을 감으며 찬기의 손목을 살짝 잡는 순간, 순진한 어린양은 깜짝 놀라서 뒤로 물러선다.

"얼음이 녹으면 뭐가 되지?"

이런 정답이 당연한 질문으로 먼저 분위기를 잡는다.

"가운데 손가락을 서로 마주 잡아 봐. 그게 네 목의 크기야. 그 손가락을 두 번 돌려 봐. 그게 네 허리 사이즈야. 양손을 쭈욱 펼쳐 봐. 왼손 끝에서 오른손 끝까지 그게 네 키야. 그리고 손가락을 저 천장 위의 등불에 비춰 봐. 거기에 네가 갈 대학이 보이지?"

뭐 이런 대화를 나누다 보면 찬기와 같은 아이는 눈이 커지면서 나를 신처럼 떠받들기 시작한다. 상담은 그 정도에서 끝내면 된다.

찬기는 한국사를 참 좋아했다. 다른 과목 시간에는 거의 잔다는데, 한국사를 배울 때는 달랐다. 1868년 5월에 충남 덕산에서 흥선대원군의 아버지 남연군의 묘가 독일 상인 오페르트에게 어떻게 도굴을 당했는지, 별 쓸데없는 것까지 알고 있었다.

"뽕샘, 이 사건이 일어난 때가 5월이라는데요. 그 기록이 음력인가 양력인가를 정확히 따져봐야 하고요. 남연군의 묘에 도굴을 방지하기 위해 쏟아부었다는 쇳물과 석회가루가 어떤 것인지도 정확하게 고증을 해 봐야 해요. 그때 덕산 구만포까지 어떻게 뱃길로 갈 수 있었는지 서해안 간척사업과 연관지어 살펴봐야 하는데요…"

한번 말문이 터지자 아주 귀찮을 정도로 수다쟁이였다. 내가 거기가 구만포인지 십만포인지 왜 알아야 할까? 남연군 묘에 쇳물을 부었는지 납물을 부었는지 그게 도대체 나와 무슨 상관이 있을까? 아무려면 그 금속 성분을 묻는 문제가 수능에 나오기나 할까? 흥선대원군을 이야기하던 놈이 왜 서해안 간척사업을 운운하는지…. 거기에 네 조상 땅이라도 있냐?

그 이후로도 수업에 올 때마다 한국사 2급에 합격했는데 아이스크림을 사 달라느니, 드디어 1급을 땄으니 피자를 사 달라느니 아주 가관이었다. 그래도 내가 한자 공부를 열심히 해야 한다는 말을 철석같이 믿고 공부했다. 그 결과 동국대 사학과에 합격했다.

찬기를 지켜보면서 아이들은 어른들과 끊임없이 소통하고 싶어 한다는 것을 알았다. 호기심도, 고민도 많은 아이들은 어른들에게 의지하며 많은 것을 묻고 배우고 싶어 하지만, 어느 순간부터 말문을 닫는다. 왜일까?

이제 막 말을 배운 아이를 떠올려 보라. 많고 많은 것을 물어보지 않았던가. 묻고 또 물을 때 우리 어른들은 얼마나 신기해하면서 그 말에 대답해 주었던가.

"이건 뭐야?"

"그건 새싹이야."

"새싹이 뭐야?"

"새로 올라오는 싹이야."

"싹은 뭐야?"

"으음, 싹은 그러니까… 싹이라는 건…."

한때 우리 어른들은 친절한 부모였다. 사랑하는 아이와의 대화가 끊이질 않았다. 하지만 언제부턴가 말수가 줄어든다. 시간이 흐르며 자녀들은 사춘기를, 부모들은 갱년기를 맞게 되기 때문이다. 지쳐 있는 부모, 말문을 열지 않는 아이 사이에는 점차 단절이라는 벽이 생긴다.

그러니 아이들이 항상 믿고 따르며 말문을 열게 하는 나 같은 도사도 한 명쯤 필요하지 않을까.

'그래. 왠지 이 사람하고는 말이 통할 것 같아.'

아이들은 그 믿음을 주는 어른과 진정한 친구가 된다. 그때부터는 그냥 그 어른이 하라는 대로 묻지도 따지지도 않고 따른다.

"공부를 왜 해야 해요?"

"나에게 대학이 의미 있을까요?"

그런 개똥철학이 비집고 들어설 틈이 없어지는 것이다. 찬기와 나는 그런 친구 사이가 됐다.

찬기에게 대학 합격 수기를 써 달라고 했더니 광개토대왕이 만주벌판을 정복할 때 장군이 아닌 일반 병사들은 그 넓은 벌판을 어떻게 뛰어다녔을 것 같냐고 헛소리를 잔뜩 늘어놓더니 다음과 같은 글을 보내왔다.

중3 때까지 국어는 진짜 재미가 없었습니다. 특히 문법은 아예 들여다보고 싶은 마음도 없었습니다. 그런데 국어 문법도 결국은 한자에서 벗어날 수 없다는 것을 알았습니다. 어근(語根)에서 근(根)은 뿌리이고, 어간(語幹)에서 간(幹)은 줄기라는 한자의 차이점을 알면 문법이 정말 재미있어집니다. 어근은 뿌리니까 단어에서 실질적인 의미를 가지고 있는 부분이고, 어간은 용언이 활용할 때 줄기의 형태가 변하지 않는 부분이라고 생각하면 쉽게 이해가 되었습니다.

그리고 비문학이나 문학에서 반복적으로 자주 나오는 답지 어휘를 한자로 분석하는 공부를 많이 했습니다. 반성(反省)이라는 단어를 '뭔가 잘못을 비는 것' 정도로만 생각했는데, 되돌아서 성찰을 한다는 의미로 확장하여 생각해 보면서 국어에 더 자신감을 갖게 되었습니다.

'반성 → 성찰 → 과거 지향 → 내면 지향'

이런 흐름의 연관성을 갖고 공부를 하면서, 다른 과목에도 자신감을 갖게 되었습니다. 특히 윤리와사상이나 사회문화 같은 과목을 이런 식으로 공부했더니 큰 도움이 되었습니다. 기본 개념을 한자로 풀이할 줄 알면 '이기론(理氣論)'이나 '사단칠정(四端七情)' 같은 말의 의미를 한자어와 연관시켜 '기운을 다스리는 것', '네 가지의 바름과 일곱 가지의 본성'으로 이해하고 확실하게 개념을 다질 수 있었습니다.

결국 어휘 능력은 학습 능력입니다. 학습의 가장 기본은 어휘에서 출발함을 깨닫는 순간, 공부가 정말 재밌어졌습니다.

모든 공부는 한자와 통한다

'국어 공부는 한자를 알면 매우 수월해진다.'

이 문장만 살펴봐도 한자의 중요성을 알 수 있다.

國語 工夫 漢字 秀越

한국사를 공부하다 보면 아주 많은 한자어가 나온다.

고려 광종 때 '노비안검법'이 시행된다.

노비안검법(奴婢按檢法) : 노비를 자세히 어루만져 검사하는 법

노비를 자세히 검사하여 억울하게 노비가 된 사람을 양인으로 만들어주는 법이다. 노비가 양인이 되면 호족의 세력이 약화되고 상대적으로 왕권이 강화된다.

'노비안검법'이라는 한자어를 이해하면, '노비 해방→호족 약화→양인 증가→세수 확대→왕권 강화'까지 학습의 연결고리가 확대된다.

한자어를 유추해서 의미를 생각해 보고, 그 의미가 정확한 것인지 비교를 통해 정리하면 단기 기억이 장기 기억으로 확대되어 자신감이 형성된다.

모든 한자를 알 수는 없다. 이럴 땐 자신이 알고 있는 한자어를 활용하여 연상해 보는 방법도 의미가 있다. 노비안검법(奴婢按檢法)의 한자를, 노비안검법(奴婢眼檢法)으로 변형하여 '노비를 눈으로 검사한다.'는 방식으

로 이해해도 무난하다. 한자를 알게 되면 어휘 개념이 확장되어 모든 교과목에 다양하게 활용할 수 있다.

미술 과목에서 '동양산수화의 준법'이라는 것이 있다. 여기에 '부벽준, 피마준, 우점준, 하엽준, 우모준'이 있다. 한글로만 봐서는 언뜻 이해하기 어렵지만 부벽준(斧劈皴), 피마준(披麻皴), 우점준(雨點皴), 하엽준(荷葉皴), 우모준(牛毛皴)의 한자를 알고 나서 그림을 보면 대략적인 윤곽을 이해할 수 있다. 부벽준은 도끼로 찍어 내린 듯하고, 피마준은 마섬유의 껍질, 우점준은 빗방울, 하엽준은 연잎줄기, 우모준은 소의 짧은 털과 같은 표현법이다. 억지로 외우려고 하지 말고 한자의 의미 하나를 알면 100가지 어휘 개념을 이해하는 길이 열린다.

수학에서 소수도 한자어 소수(素數)를 알면 그 원리를 바로 알 수 있다. 소(素)는 원소라는 의미가 있으므로 가장 기본이 되는 원소는 1과 자신밖에 없는 기본 숫자이다. 다시 말해서 1과 그 수 자신 이외의 자연수로는 나눌 수 없는 자연수 2, 3, 5, 7, 11 등과 같은 원소 숫자다.

한국어의 상당수를 차지하는 한자어를 이해하지 못하면 아무리 많은 시간을 공부에 투자해도 성적 올리는 데 한계가 있다. 그러니 한자 공부는 선택이 아닌 필수다.

바닷가 마지막 집의 아이들

벌써 5년 전이다.

심장 수술을 하고 허무감에 사로잡혀서 태안 몽산포에 가서 요양을 했다. 아내는 깨끗한 펜션을 잡아 주려고 했지만, 나는 사람들을 만나는 것도 힘에 부쳐서 무조건 조용한 집을 선택했다. 몽산포 포구에서도 한참 들어간 말 그대로 바닷가 마지막 집이었다.

그때 새삼스럽게 한 끼 식사가 얼마나 중요한지 알았다. 새벽 다섯 시쯤에 눈뜨면 배가 고파서 뭘 해 먹을지를 고민하며 하루를 시작했다. 열심히 아침을 해 먹고 설거지를 하고 나면 "점심에는 또 뭘 해 먹지?" 이런 걱정이었다. 물이 빠지면 바닷가에 가서 맛조개와 동죽을 잡는 재미가 쏠쏠했다. 특히 소금을 넣고 그 사이로 삐거니 오는 맛조개를 잡는 재미가 여간 좋은 것이 아니었다. 그렇게 열심히 조개를 잡고 나와서 점심을 해 먹고 설거지를 하고 나면 "저녁에는 또 뭘 해 먹지?" 하루 종일 먹는 걱정으로 살았다.

참 신기했다. 이 원초적 걱정에 사로잡혀 지내다 보니 마음의 병이 조금씩 나아지고, 몸도 조금씩 회복되어 갔다. 그때 병문안을 왔던 고향 마을 후배가 나를 보고 하는 첫마디가 "에이 뭐야! 형 아프다면서 꾀병이었네." 이렇게 농을 쳤다. 나는 후배에게 그동안 잡아서 냉동실에 보관하고 있던 동죽과 맛조개를 넣어 칼국수를 끓여 주고, 불을 피워 조개구이도 해 주었다. 오랫동안 만나지 못했던 회포를 풀다가 문득 후배가 이런 제안을 했다.

"저기 형, 혹시 건강이 괜찮으면 우리 학생들 진로 상담 좀 해 줄 수 있어요?"

"진로 상담? 에흐으, 그런 말 마라. 여기까지 와서 무슨…"

"아니 형, 그러지 말고 좀 도와줘요. 고3을 억지로 맡기는 했는데 너무 막막하네."

"그런 말 마라. 나 수술실 들어갈 때 단단히 결심했다. 난 아무것도 안 해."

"형 그러지 말고… 일주일에 한 번 정도만 도와줘요."

"안 해. 난 이젠 진짜 그냥 조용히 숨만 쉬고 살 거야."

고향 마을에서 같이 자란 후배는 간곡하게 부탁했지만, 나는 정중히 거절했다. 마음껏 숨을 쉬고 살 수 있다는 사실 하나만으로도 감사하며 살고 있을 때였다. 정말 그 어떤 것도 하고 싶지 않았다. 후배는 아쉬움을 감추고 새벽에 조용히 떠났다.

후배가 간 후에도 나는 하루 종일 먹는 걱정만 하며 시간을 보냈다. 통발을 놓아서 몇 마리 잡은 게를 끓여 먹다가, 문득 간장게장을 담고 싶어서 도전하기도 했다. 인터넷에서 레시피를 찾아 짝퉁 게장을 담았다. 매실 대신에 콜라를 써서 비린내를 잡고, 진간장에 통마늘과 홍고추를 넣고 푹 끓인 후에 깨끗이 손질한 게딱지 위에 부었다. 그렇게 하루를 재웠다가 다시 간장을 끓여 넣는 식으로 했더니 제법 맛이 좋은 간장게장이 완성되었다. 나는 난생처음으로 만든 수제 게장 맛에 반해서 계속해서 밥도둑질을 하고 있었다.

햇살이 아주 좋은 토요일 오후였다. 게딱지에 밥을 비벼 먹고 있을 때 누군가 방문을 두드렸다. 낚시꾼 복장을 한 후배였다.

"아니, 넌 연락도 없이 웬일이냐?"

"형, 식사 중이었어요? 들어가도 돼요?"

"뭐 그래라. 밥은 먹었어?"

"예. 학생들이랑 오다가 먹었어요."

"학생들? 그건 또 뭔 소리야?"

나는 의아해서 바깥을 바라보았다. 작은 마당에 고등학생으로 보이는 학생들 세 명이 서 있었다. 학생들은 후줄근한 내복 차림의 게딱지를 들고 있는 나에게 깍듯하게 인사를 했다.

"아니, 저 학생들은 또 뭐야?"

"예. 우리 반 아이들인데요. 그냥 뭐 내가 낚시를 온다고 하니까 같

이 오겠다고 해서….'

"반 아이들? 너 고3 담임이라면서? 그러면 고3들이 지금 놀러 다닌다는 거야?"

"예. 뭐 신경 쓰지 마세요. 우린 그냥 낚시나 하러 왔어요."

참 난감했다. 딱 봐도 낚시를 하러 온 학생들이 아니었다. 토요일에 고3 학생들이 교복을 입고 낚시를 하겠다며 바닷가 마지막 집을 찾아올 리가 없었다. 나는 부랴부랴 게딱지에 밥을 비벼 먹고 방을 정리했다. 그런데 아무리 후배의 제자들이라 해도 그 누추한 방으로 학생들을 들어오라고 하기가 민망했다. 나는 며칠 동안 감지도 않고 있던 헝클어진 머리에 대충 물을 바르고 밖으로 나갔다. 하필이면 그나마 괜찮은 옷은 모두 빨아 놓은 상태라서, 완전히 바닷가 중늙은이 같은 작업복이 전부였다. 그마저도 맛조개를 잡느라 갯벌 흙이 묻어 있어서 완전 몽산포 시골 어부 그 이상도 이하도 아닌 차림새였다.

내가 가까이 다가가자 여학생 두 명은 약간 뒤로 물러났고, 남학생은 미심쩍은 표정을 지으며 쓸쓸하게 인사했다.

"어? 그래 반갑다, 얘들아. 낚시하러 왔어?"

"아아… 예에…."

나는 남학생에게 악수를 청하고 여학생들에게는 가까이 다가가지도 못했다. 후배가 내 뒤로 와서 어색하게 물었다.

"선배님. 오늘 물때는 어때요?"

"물때? 아아 물때. 글쎄 지금 1시가 다 되어 가니까… 좀 있으면 물

들어오겠네."

나는 후배와 학생들을 방파제의 낚시터로 안내했다. 워낙에 낚시 실력이 형편없는 나는 미끼도 제대로 끼지 못했고, 후배는 먹지도 못하는 복어 새끼만 잡아 올렸다. 연속해서 일곱 마리의 복어를 잡아 올리던 후배는 빵빵하게 배를 부풀린 그것들을 집어 던지며 짜증을 냈다.

"에이! 뭐 이래? 이거 진짜 하나도 안 잡히네."

그때 뒤에서 우리를 지켜보던 여학생이 앞으로 나섰다.

"선생님, 저 그 낚싯대 한번 줘 보세요."

후배는 어정쩡한 표정으로 낚싯대를 여학생에게 넘겨주었다. 짧은 머리의 여학생은 갯지렁이를 돌로 으깨더니 능숙한 솜씨로 낚싯바늘에 꿰어 바다로 집어 던졌다. 최소한 후배와 내가 던진 것보다 두 배는 더 멀리 보내는 실력을 보여 주었다. 그리고 10분도 지나자 않아 낚싯줄이 팽팽해지기 시작했다. 여학생은 순간적으로 낚싯대를 채 올리더니 달인의 표정으로 줄을 감기 시작했다.

"우와아! 우아하하!"

후배는 손뼉을 치며 난리를 쳤다. 여학생은 두 뼘도 훨씬 더 넘을 것 같은 물고기를 잡아 올렸다. 여학생은 그렇게 낚시 신공을 발휘하며 한 시간도 안 되어 아홉 마리를 잡아 올렸다. 우럭과 놀래기, 그리고 큼직한 농어까지 어종도 다양했다. 나와 후배는 완전히 넋이 나간채 물고기를 잡아 올릴 때마다 물개박수를 치며 환호성을 질렀다.

"아이! 이긴 뭐 완전 강태공이네. 아니, 이렇게 이렇게 잡을 수 있어? 비결이 뭐야."

나는 아가리가 찢어진 놀래기를 바라보면서 여학생에게 물었다.

"헤헤, 뭐 그냥 어려서부터 아빠 따라 배를 타고 나가서 낚시를 했어요."

"그래, 그렇구나. 너는 앞으로 뭘 할 건데?"

"저요? 지는 뭐 그냥 확실치는 않은데 항공운항과에 가고 싶어요."

"항공운항? 스튜어디스?"

"예, 아니면 관광이나 컨벤션 쪽도 생각을 하고 있어요."

"1학년 때부터 진로 희망을 그런 쪽으로 했어?"

"아뇨. 1학년 때는 초등학교 교사라고 했는데… 점수가 잘 안 나와서…."

낚시 신동 여학생과 낚시 왕초보 몽산포 시골 중늙은이의 방파제 상담은 그렇게 30분 넘게 진행되었다. 상담 중간중간에도 여학생은 자연스럽게 물고기를 잡아 올렸다. 낚시가 중심이었고, 입시 상담은 살짝 거들 뿐이었으나, 방파제 상담이 끝난 후에 여학생은 다시 교대에 도전해 보겠다는 의지를 갖게 되었다.

방파제 상담이 끝난 후에 이번에는 또 다른 신동이 나타났다. 키가 훌쩍 큰 남학생이 작은 식칼 하나로 능숙하게 물고기의 배를 가르는가 싶더니, 어느 사이에 농어의 껍질을 벗기고 아주 정성스럽게 회를 뜨기 시작했다. 비록 작은 나무 선반 위에 차려진 조촐한 횟감이었으나, 초고추장과 어우러진 농어회 맛은 정말 일품이었다. 나는 너무나 행복한 봄날의 농어 맛에 빠져서 입술에 초고추장이 묻은 줄도 모르고 남학생을 바라보았다.

"우리 잘생긴 친구는 어딜 가고 싶어?"

"저요? 예, 저는 육사 가고 싶어요."

"육사? 아니 이렇게 회를 잘 뜨는데 해사가 아니고 육사?"

"예? 아아 예, 저는 육사에 꼭 가고 싶어요."

"내신은 몇 등급이야?"

"예. 저는…."

남학생은 대답하지 못하고 의기소침하게 후배를 바라보았다. 후배는 엄지손가락을 쳐들면서 자랑스럽게 말했다.

"형준이가 우리 학교 전교 1등입니다."

"어? 그래? 대단하네!"

"뭐, 한 학년에 한 반뿐이라서 반 1등이 전교 1등이지만 그래도 1등은 1등이니까요."

후배의 칭찬에 형준이는 약간 쑥스러운 표정을 지으며 얼굴을 붉혔다.

"지금 3학년은 몇 명이지?"

내가 묻자 후배는 대답 대신 형준이를 바라보았다. 형준이가 조심스럽게 입을 열었다.

"예, 3학년은 그래도 좀 많아서 24명입니다."

"한 학년이 24명? 야 그러면 뭐 내신 등급 전쟁이 장난 아니겠는데…."

"예, 그러니까 그게 좀… 그렇지요. 우리 학교는 이과가 없고 모두 문과라서요."

"이과가 없어?"

나는 의아한 생각이 들어서 후배를 바라보았다. 초고추장을 묻히고 정신없이 회를 먹고 있던 후배가 고개를 끄덕였다.

"예, 우리 학교에서는 이과를 개설할 수가 없어요. 입학 전부터 그렇게 안내를 해요."

"그러면 형준이 너 모의고사는 몇 등급이야?"

햇살 좋은 방파제 위에서 세상에서 가장 싱싱한 회를 먹으며 바닷가 마을 작은 고등학교 학생들의 입시 상담은 그렇게 진행되었다. 항공운항과에 가려다가 다시 교대로 목표를 잡은 여은이는 전교 2등이었고, 말없이 웃기만 하는 유진이는 학생회장이면서 전교 5등이었다. 유진이는 유아교육과에 가기로 마음을 굳혔으나 국어 점수가 나오지 않아서 고민이 컸다.

방파제 상담이 끝나고 학생들은 어느 정도의 기대와 현실적인 고민을 안은 채 후배의 차에 올랐다. 그리고 조용히 바닷가를 떠났다.

나는 또다시 고민하기 시작했다.

"아아, 참… 저녁에는 또 뭘 해 먹지?"

몽산포에는 동죽이나 맛조개, 그리고 비단조개는 쏠쏠하게 잘 잡히는데, 이상하게도 서해안에서 흔한 바지락은 잘 보이지 않았다. 그래도 다행히 몇 개 잡아서 해감을 해 놓은 게 있어서, 청양고추를 넣고 바지락국을 끓여 저녁 먹을 준비를 하고 있었다. 작은 밥상에 바지락국과 밥 한 공기를 놓고, 조촐한 저녁식사를 하고 있는데, 트럭 한 대가 마당으로 쓱 들어왔다. 나는 깜짝 놀라서 밖으로 나가 보았다.

트럭에서 학생회장인 유진이가 내리면서 인사했다. 그리고 바로 뒤에 아주 키가 큰 누군가가 내렸다. 190센티미터는 돼 보이는 거구였다. 손은 또 어찌나 큰지 덤볐다가 저 손에 뺨이라도 한 대 맞으면 바로 바다로 내던져져 물고기 밥이 될 것 같았다. 나는 나도 모르게 주눅이 들어 꾸벅 인사를 했다. 거구의 남자가 다가와 허리를 숙이고 인사를 했다.

"아이고, 선생님 안녕하세요? 저 유진이 아비 되는 사람입니다."

거구의 남자, 아니 유진이 아버지는 인사를 끝내자마자 트럭의 화물칸에서 커다란 아이스박스를 내렸다. 그 아이스박스 안에 해산물이 가득했다. 나는 그때 그렇게 큰 꽃게가 있다는 것을 처음 알았다. 내가 간장게장을 담가 먹었던 게 10마리를 합해야 그 꽃게 한 마리에 견줄 수 있을까. 마치 나와 유진이 아버지와의 키 차이 같았다. 내가 간장게장의 자잘한 게라면, 유진이 아버지는 왕꽃게. 그러고 보니 유진이 아버지의 손은 꽃게의 왕집게발을 닮았다!

"선생님, 이거 정말 고맙습니다. 우리 유진이가 대학만 잘 간 수 있다면 게기 믹 그냥 이런 꽃게는 얼마든지 대접해 올리겠습니다."

"예? 아아, 예에…."

"선생님같이 유명한 분이 우리 유진이 공부를 가르쳐 주시기로 했다니 저는 뭐 그냥 막 마음이 놓이고 고맙습니다."

"예? 공부를 가르치다니… 제가요?"

"예, 선생님, 고맙습니다. 우리 유진이가 국어가 안 돼서 맨날 시험만 보면 울고 그랬는데… 선생님에게 배우면 그냥 막 점수가 나올 것 같다고 하면서 좋아합니다. 고맙습니다."

"아아 예에. 저야 뭐 그냥…."

나는 어떻게 된 영문인지 몰라서 멍하니 유진이와 유진이 아버지를 번갈아 바라볼 뿐이었다. 유진이 아버지가 꽃게를 내려놓고 간 뒤에, 나는 한동안 멍하니 서 있었다. 바닷가 마지막 집의 작은 마당에는 왕꽃게와, 간장게장에 절여진 듯한 쭈글이 선생만 남아 있었다. 나는 어찌된 영문인지 몰라서 후배에게 전화를 걸었다.

"야! 내가 유진이 학생을 가르치기로 했다는데 그게 무슨 소리냐?"

"예? 아, 참나… 유진이 아버님이 그렇게 말해요?"

"그래. 다짜고짜 와서 꽃게를 내려놓더니 유진이 가르쳐 주게 되어 고맙다고 하시네."

내 말을 듣고 있던 후배는 한동안 아무 말도 하지 않았다. 그 어색한 침묵에서 나는 '이건 뭔가 있구나'를 직감했다. 잠시 후에 후배가 조심스럽게 말을 꺼냈다.

"아아, 참나. 우리 회장님 아버지 또 오버하시네. 저는 그렇게 말한 것이 아니라 형이 일주일에 한 번 정도 특강을 나오실 수도 있다고 그랬는데…"

"야! 그게 뭔 소리야? 내가 무슨 특강을 나가?"

"아니, 그러니까 사실은… 어제 고3 학부모 간담회가 있었는데… 오늘 학생 대표로 그 애들이 갔었던 거고…"

"아니, 그러니까 네가 간담회를 하건 말건 그게 나랑 무슨 상관이냐고?"

"예, 형, 저기, 그게 뭐냐면… 이번 고3 학부모들이 입시에 대한 관심이 많아서…"

"글쎄, 관심이 많거나 말거나 나랑 무슨 상관이냐고? 난 심장 수술 받고 요양 중인 환자야."

"저기 형! 일주일에 한 번만 어떻게 안 될까요? 아까 형 만나고 돌아오는 길에 우리 애들이 아주 난리가 났어요. 왠지 형이 입시 컨설팅을 해 주고 국어와 논술 특강을 해 주면…"

"야, 그게 뭔 소리야? 난 지금 요양 중인 중증 환자라고! 환자!"

"에헤이, 형 왜 그래? 아까 낚시하고 회 먹는 거 보니까 쌩쌩하던데…. 저기 형 그리고 유진이 아버지 봤죠? 그분 대단한 분이에요."

어처구니가 없었다. 이건 지방 토호 세력과 학교 선생이 연합해 도시에서 내려온 환자를 강제 연행하여 수업을 시키는 상황이었다. 아아, 어무이! 왜 나를 낳으셨나요? 이건 빼도 박도 못하는 상황이잖아요!

나는 거의 반강제적으로 토요일 오전에 고3 학생들을 대상으로 세 시간짜리 강의를 나가게 되었다. 정말 아무것도 하고 싶지 않았는데 평생 강의하며 살아와서 어쩔 수 없나 보다. 막상 몇 달 만에 학생들을 만나니 참으로 행복했다. 특히 바닷가 아이들의 그 순수한 마음이 나에게 와 닿았다. 아무리 인터넷이 발달하고 온라인 교육이 활성화되었다고 해도, 기본적으로 진솔한 소통을 하려면 선생과 학생이 만나야 한다는 생각이 들었다.

고3 학생 24명 중에 21명이 수업에 참여했다. 학생들은 내가 무엇을 가르치기보다는, 자신들의 오답 유형이 무엇이고, 어떤 문제 유형에 약점이 있는지를 잡아 주자 엄청 좋아했다. 학습에서 학(學)은 되어 있었는데, 자신의 것으로 반복하여 만들어 가는 습(習)에 약한 탓이었다. 문제가 틀리면 자신이 왜 그 답을 골랐는지 오답 지도를 만들지 않고, 해설을 보고 왜 정답이 맞는지를 찾는 것에만 익숙해져 있었다.

"자아, 얘들아. 잘 생각해 봐. 먼저 문제를 풀고, 자신이 왜 그 답을 선택했는지 고민하지 않고 바로 맞나 확인부터 해 버리면 그건 자기 공부가 아니야. 고3이라고 마음이 급하다 해서 많은 문제 풀이에만 집중하면 결국 도돌이표 공부를 할 가능성이 높아."

도시에 살 때는 그냥 당연하게 여겨졌던 일들마저도 바닷가 학생들은 그냥 넘어가지 않고 잘 받아들여 주었다. 오전 수업이 끝나도 학생들은 가지 않고 나에게 이것저것 물어보고, 자신들의 오답 성향을 하나하나 파악하기 위해 노력했다.

일방적인 강의가 아닌 자신의 약점을 찾는 과정에 집중하다 보면,

국어 과목뿐만 아니라 사탐에서도 매우 만족할 만한 결과를 얻는 학생들이 있다. 공부는 새로운 것을 배우는 것이 중심이 되어서는 안된다. 자신이 무엇을 모르는지 알고, 자신이 잘할 수 있는 것을 익숙하게 훈련하는 과정이 필요하다.

바닷가 마지막 집에 사는 몽산포 시골 아저씨의 수업은 학생들에게 신선했던 모양이다. 실제로 새로운 문제집을 풀기보다 풀었던 문제를 다시 점검하면서, 오답 성향을 찾다 보면 공부에 재미를 붙이는 학생들이 꽤 많다. 즐거움에는 막강한 힘이 있다. 즐거워야 공부를 한다.

점점 나도 즐거워졌다. 토요일 오전 특강 수업이 끝나면 자연스럽게 급식 시간으로 이어졌다. 그런데 이 급식 때 정말 다양한 식재료가 들어왔다. 요리를 하시는 분들 중에 학교 관계자는 한 분뿐이고 나머지는 고3 어머니들이었다. 학생회장인 유진이 어머니가 매주 나오셔서 진두지휘를 했다.

육사에 가겠다고 한 형준이의 어머니도 식당을 직원들에게 맡기고 나와서 급식을 도왔다. 꽃게찜을 마음껏 먹을 수 있는 급식 시간은 그곳 바닷가 마을의 학교에서만 가능하지 않을까 싶다. 비록 두어 달의 짧은 시간이었지만 새롭고 반갑고 고마웠다.

여은이는 공주교대에 합격해서 현재 부여의 한 초등학교 교사로 근무한다. 형준이는 육사는 떨어졌지만, 충남대에 가서 ROTC를 통해 육군 장교로 복무 중이다.

유진이는 성신여대 유아교육학과에 갔다. 한번쯤은 자신의 전공에 회의감을 가질 법도 한데, 전화할 때마다 이 전공이 너무 좋다며 행복해한다. 지금은 분당의 한 학교에서 유치원 교사로 일하고 있다.

심장 수술 이후에 모든 것이 허무했다. 그동안 내가 살아온 세월이 억울했고, 내가 무엇을 위해 쉬지도 못하고 일했는가 회의감이 밀려왔다.

바닷가 마지막 집에서는 아무 생각하지 않고 지낼 수 있어서 행복했다. 아니, 사실은 행복한 건지 아닌지 생각하지도 않고 살았다. 그저 세끼 밥을 해 먹고 치우고, 바닷가에 나가서 맛조개를 캐고, 낚시를 하고, 게를 잡으며 먹을 것만 생각했다. 바닷가 어부의 삶 그 자체였다. 그 무심한 생활로 인해 조금씩 건강을 회복할 수 있었다.

몽산포 바닷가 마지막 집에서 석 달이 채 안 되는 시간을 보냈다. 내 인생에서 거의 유일한 쉼표였다. 그리고 그 쉼표의 중간에는 꾀죄죄한 어부 아저씨의 가르침을 믿고 따라 준 아이들이 있었다.

지금도 몽산포에 갈 때마다 잠시 머물렀던 바닷가 마지막 집에 가 본다. 언제나 유진이 아버지의 커다란 왕꽃게가 나를 반겨 줄 것만 같은 그곳. 순수한 아이들의 웃음소리가 여전히 귓가에 아른거린다.

3단계 Why 공부법

일반적으로 수험생들은 이 방식으로 공부한다.

1단계 문제 풀이 ➡ **2단계** 정답 확인 ➡ **3단계** 틀린 문제는 해설을 보고 이해

이렇게 하면 자신의 공부가 아니라, 다른 사람의 생각을 따라가기에 지나지 않는다. 아무리 공부해도 점수가 오르지 않는다고 생각한다면, 이렇게 잘못 학습하고 있지 않은지 고민해 봐야 한다.

1단계 문제 풀이 ➡ **1.5단계** 자신이 선택한 답지의 근거 정리 (Why 선택했어?) ➡ **2단계** 정답 확인 ➡ **2.5단계** 자신이 왜 정답을 선택하지 않았는지 정리 (Why 선택하지 않았어?) ➡ **3단계** 틀린 문제는 해설을 보고 이해 ➡ **3.5단계** 해설과 자신의 생각 차이점 정리 (Why 차이가 나는 거야?)

이처럼 1~3단계 사이마다 Why를 넣어서 자신만의 오답 성향과 학습 성향을 파악하기 위한 꼼꼼한 체크가 필요하다.

공부는 문제 풀이를 많이 한다고 해서 능사가 아니다. 열 권의 문제집을 풀어 보는 것보다, 한 권의 문제를 열 번 풀어 보는 것이 더 효과적이다. 한 권에 실린 문제를 차근차근 정확하게 3단계 Why 공부법으로 풀어 보는 노력이 중요하다는 뜻이다.

맺힌 걸 풀면 공부가 시작된다

마음 안아 주기

서울 북쪽 쌍문동에서 출발한 26번 버스의 남쪽 종점이 경기도 광명시 철산동. 지금은 번창한 광명시가 1980년대 초반에는 허허벌판이었다. 우리 엄마는 26번 버스 종점 근처에서 호떡 장사를 했는데, 어느 날엔가는 호떡 손수레를 도둑맞고 길거리에 주저앉아 펑펑 울었다. 한 가족의 생계가 달린 호떡 손수레를 도둑맞은 엄마는 아주 오랫동안 멍하니 앉아 있었다. 그때 엄마의 막막함과 절망… 이런 것들은 도대체 얼마만 한 것이었을까?

다행히 고물상 아저씨의 도움을 받아 엄마는 다시 호떡 손수레를 마련했다. 엄마는 두 번 다시 잃어버리면 안 된다는 생각에, 철산동 도덕산 달동네 집까지 손수레를 끌고 왔다. 12시 넘어서 장사를 하시다가 남은 호떡 재료를 싣고, 젊은 남자도 끌기 힘든 그 무거운 손수레를 끌고 가파른 언덕길을 올라오셨다.

　그 탓에 나는 수업 시간에 박재삼의 시 〈추억에서〉를 제대로 가르치지 못했다.

　"신새벽이나 밤빛에 보는 것을, 울엄매의 마음은 어떠했을꼬, 달빛 받은 옹기전의 옹기들같이, 말없이 글썽이고 반짝이던 것인가…"

　말없이 글썽이고 반짝이는 아이들 앞에서, 그 막막한 시 구절을 한 번도 넘어가지 못했던 나. 아, 한 시간 넘게 그 가파른 언덕길에서 손수레를 끌고 올라가셨던 우리 엄마에게 도덕산 달동네 꼭대기에서 내려다보는 구로공단의 불빛은 얼마나 글썽이고 반짝였을지… 그 삶의 무게는 어떤 것이었을지 감히 짐작조차 하지 못한다. 엄마가 돌아가시고 나서 나는 호떡을 제대로 먹지 못했다. 호떡을 한 입 베어 먹는 순간 나는 아무것도 할 수가 없었다.

　평생을 농사만 짓다가 도시 변두리로 올라온 아버지는 항상 술만 마시며 살았다. 아버지가 무서웠다. 큰형이 죽고 나서 늘 술로 살았던 아버지는 너무도 무서웠다. 나는 아버지를 피해서 창신동 무너진 성터 위에서 아주 오랫동안 앉아 있곤 했다. 멀리 청와대 너머 북한산 자락으로 지는 해를 바라보며 혼자서 그곳으로 날아가는 상상을 하곤 했다. 그 당시 유행하던 만화 《신밧드의 모험》에 나오는 양탄자를 타고 아버지가 없는 세상으로 가서 살고 싶었다.

　휴학하고 공사장에서 일할 때, 사는 게 너무 고달프고 힘들었다. 어느 날 나는 환갑이 넘어 위암 수술을 받으시고 경제력을 잃은 아버지에게 술의 힘을 빌려 "이렇게 책임도 지지 못할 자식을 왜 낳았냐?"고 하소연한 적이 있다. 아버지는 다음 날 아침, 나직이 이렇게 말씀하셨다.

"너도 나이 들어서 장가들고 애 낳고 살림하면서 살아봐라. 남들보다 잘사는 건 그만두고 남들만큼 살기가 얼마나 어려운지 아는 날이 있을 거다."

1930년생이신 늙은 아버지의 말을 그때는 다 알지 못했다.

학교 문턱에도 가 보지 못한 아버지. 10남매의 둘째로 태어난 아버지. 6.25 때 총 쏘는 법도 배우지 못하고 군대에 끌려가신 아버지. 박정희 대통령을 독재자라 욕을 하면 화를 내시던 아버지. 당신의 큰딸은 창신동 청바지 공장에 보내고 둘째 딸은 16시간 철야 작업을 하는 구로공단에서 일하게 했으면서 대통령의 딸이 불쌍하다고 울먹거리던 아버지. 큰아들만 어떻게 가르쳐 놓으면 집안을 일으킬 거라 믿으셨던 아버지. 막내아들 등록금 한 번 대 주지 못한 것을 늘 마음 아파하던 아버지. 변변한 논 한 마지기 없이 육남매를 키운 아버지. 평생 살던 집과 땅을 빼앗기고 도시 변두리의 술꾼으로 살았던 아버지. 아버지가 나를 낳으신 마흔 몇 살 즈음에 나도 아버지의 나이가 되어, 대학까지 나온 놈이 이 좋은 세상에서 겨우 자식 둘을 헉헉대며 키우다가, 문득 아버지의 말이 생각났다. 남들보다 잘사는 건 그만두고 남들만큼 살기가 얼마나 어려운지….

똥개 누렁이가 있었다. 새끼를 낳으면 항상 여섯 마리를 낳았다. 엄마는 그런 누렁이를 정말 예뻐했다. 2월에 늦은 눈이 오던 날도 누렁이는 새끼를 낳았다.

시골 살림을 정리하기로 하고 아버지는 한밤중에 먼저 집을 나갔다. 다음 날 새벽에 사람들이 들이닥쳤다. 우리는 아무것도 할 수가 없었다. 고등학교 입학을 앞두고 새로 받아 온 책들이 눈 위에서 펄럭거리고 있었다. 나는 찢어진 책들을 정리하다가 숨을 멈추었다. 누렁이의 입 주변이 시뻘겋게 물들어 있었다. 마루 아래에서 여섯 마리의 새끼를 보듬고 있던 누렁이는 공포와 두려움에 떨다가, 이제 막 태어난 새끼들을 지킬 방법을 찾지 못한 모양이었다. 엄마는 누렁이를 끌어안고 소리 죽여 울었다. 울타리 안쪽 양지바른 곳에서 피어난 복수초가 떨고 있었다.

엄마는 누렁이를 작은집에 맡기면서 부탁했다.

"우리가 언제 다시 올 지 모르지만 우리 누렁이가 죽으면 저기 우리 집 근처에 꼭 묻어 줘. 혹시 누가 뭐래도 팔지 말고 우리 누렁이 좀 잘 지켜 줘."

엄마는 작은엄마에게 몇 번이고 신신당부를 하며 집을 떠났다. 줄에 묶인 누렁이는 우리가 떠나는 것을 멍한 눈빛으로 바라보았다. 낡은 이삿짐 차가 천천히 출발했다. 트럭이 눈티고개를 넘어갈 때 고향 마을을 내려다보던 엄마가 갑자기 비명을 질렀다. 누렁이가… 여섯 마리의 새끼를 스스로 물어 죽여야만 했던 우리 누렁이가… 우리 가족이 떠나는 것을 멍하니 바라보던 우리 누렁이가… 어떻게 목줄을 끊었는지 미친 듯이 달려오고 있었다. 엄마는 맨발로 내려가 누렁이를 끌어안았다. 그때 개도 울 줄 안다는 것을 처음 알았다. 누렁이는 숨도 제대로 쉬지 못하고 헉헉거리면서 엄마 품에 안겨 울고 있었다. 그렇게 나의 열일곱 봄날은 갔다. 그 이후로 고향마을을 찾지 못했다. 엄마의 봄날도 누렁이의 봄날도 그렇게 흘러갔다.

소년원에서 강연을 한 적이 있다. 주로 검정고시를 준비하는 학생들을 위해 지인 한 분이 교육봉사를 가는 곳이었다. 그분이 나를 추천해서 가게 되었다. 나는 시 창작을 지도하면서 마음속에 맺힌 것을 풀어 버리라고 말했다.

"시는 쓰는 것도 아니고 읽는 것도 아냐. 너희들 마음속에 있는 울분과 슬픔을 풀어 봐. 그러면 그곳에서 끓어오르는 무엇인가가 찾아올 거야. 그것은 아름답기보다는 고통스럽겠지만 피하지 말고 부딪쳐 봐."

내가 그랬다. 가족에 대한 애잔한 마음을 글로 옮기며 풀었다.

내 마음속에 가장 풀리지 않는 얼굴은 우리 엄마다. 교통사고로 갑자기 돌아가신 엄마의 마지막 얼굴이 지금도 떠오르지 않는다. 이 세상에 엄마가 없다는 막막함… 엄마의 마지막 얼굴이 떠오르지 않는다는 사실이 못 견디게 서글프다.

엄마가 돌아가신 후에 아버지와 조금 더 가까워지기 위해 노력했다. 하지만 아버지의 삶을 조금은 이해하지만 아주 가까워지지는 못했다. 아버지는 돌아가시기 몇 시간 전에 아주 애절한 눈빛으로 무슨 말씀인가를 하시려고 했다. 그때 아버지는 어떤 마음이었을까…. 기억하면 슬픔이 밀려온다.

목줄을 끊고 눈티고개까지 미친 듯이 달려왔던 누렁이는, 엄마에게 그리고 우리 가족에게 무슨 말을 하고 싶었는지 지금도 알 길이 없다. 한 가지 분명한 사실은 내 마음속에는 전혀 성장하지 않고 그대로 멈춰 있는 열일곱 살의 봄날이 있다는 것이다. 서른이 지나고 마흔이 넘어도 내 마음속에서 전혀 성장하지 못한 채 어느 날 문득문득 찾아오는 열일곱 살의 나. 아주 심한 감기가 찾아왔을 때나 빗소리에 잠이 깨는 새벽에 너무도 뚜렷이 만나는 열일곱 살 봄날의 나. 그 아이를 만나서 손을 잡고 같이 울고 싶다.

마음에 맺힌 것을 풀라는 말을 하고 있을 때, 비웃는 표정으로 나를 바라보는 아이가 있었다. 나는 약간 반발심이 생겨서 그 학생을 지목했다.

"거기 친구, 혹시 나한테 할 말이 있어?"

"저요? 아니, 없어요."

"거기 친구 이름이 어떻게 되지?"

"왜요?"

나는 그 날카로운 눈빛에 순간적으로 멈칫했다. 경안이와 나의 첫 만남은 악산 살벌하게 시작되었다. 경안이는 아주 유명한 일진이었다고 한다. 폭력 전과로 치면 거친 어른들에 못지않을 정도였다. 나는 어색한 분위기를 풀기 위해 노력했지만 시간이 지날수록 괜히 왔다는 후회가 밀려왔다. 어떻게 강연을 끝냈는지 기억이 나질 않는다. 어디에 가서도 강연장 분위기는 휘어잡을 수 있다고 자신했는데, 그 이후로 강연을 앞두고 약간의 울렁증이 생길 정도였다.

소년원에서 한 번 더 강연을 와 달라고 했지만 나는 정중하게 거절했다. 한 달쯤 후에 경안이가 보낸 우편물을 받았다. 그 안에는 손 글씨로 아주 정성스럽게 쓴 노트 한 권이 들어 있었다. 시는 아주 조잡했고 시상의 흐름은 엉망이었다. 그냥 행만 나누면 시라고 생각하는 아주 한심한 수준이었다. 다음 시는 나중에 대학생이 된 경안이가 나에게 써 보낸 일부 내용이다.

그만하면 됐어
누누이 말해 봤지만
구구절절 말해 봤지만
라면을 먹으며 말했지만
도저히 알 수 없어

내가 아무리 불러도
손수건을 흔들면 떠나가는 사람들
잡아 주고 싶은 손

아무도 나에게 오지 않지만

준 건 없어도 마음은 너에게

다가서며 흔들렸던 마음

면도날처럼 서글퍼지네.

나는 그래도 답장은 해 줘야 한다는 의무감에 몇 글자씩 형식적인 첨삭을 해서 경안이에게 보냈다. 그 이후로 경안이는 계속해서 시를 보내왔다. 계절이 두 번 바뀌고 새해가 되었지만 경안이의 시는 여전히 조잡했고 도대체 무슨 소리를 하고 싶은지 이해할 수가 없었다. 경안이는 검정고시를 코앞에 둔 4월에도 시를 보내왔고, 과목 점수가 미달되어 시험을 다시 본 8월에도 시를 보내왔다. 시는 여전히 조잡했고 표현은 갈수록 어수선해져서 짜증이 나기 시작했다. 어느 순간에는 혹시 나를 놀리려는 것은 아닌가 하는 생각이 들기도 했다.

그러다가 마침내 경안이는 검정고시에 합격하고 수능시험을 봐서 산림조경학과에 합격했다는 편지를 보내왔다. 대학 합격을 전후해서 정상 창작이 되어 다른 평범한 학생들처럼 대학 신입생이 되었다.

경안이를 다시 만난 것은 한 백일장 대회였다. 나는 행사 관계자의 한 사람으로 참석하여 사람들에게 원고지를 나눠 주었다. 그때 아주 해맑은 청춘 남녀가 나에게 다가왔다.

"안녕하세요?"

한 쌍의 남녀가 나에게 반갑게 인사를 했다. 나는 의례적으로 고개를 까딱했다. 무심코 넘어가려고 하는데 청년이 다시 인사했다.

"선생님, 저 혹시 모르시겠어요?"

"글쎄… 누구시더라?"

"선생님, 저 그때 시를 가르쳐주셨던 경안이에요."

나는 멍한 표정으로 경안이를 바라보았다. 예전에 소년원에서 만난 그 눈빛이 살벌한 아이가 아니었다. 시를 첨삭해 주기 위해 우편물을 주고받다 보니 이름은 기억이 났지만 얼굴은 쉽게 연상이 되지를 않았다.

경안이는 여자 친구와 함께 아주 행복한 모습으로 원고지를 받아 들고 나무 그늘 아래로 걸어갔다. 경안이는 여자 친구와 깔깔거리며 웃기도 하고 장난도 치면서 아주 여유 있게 원고지를 채워 나갔다.

백일장이 끝나고 경안이가 나에게 다시 인사를 하러 왔다. 나는 어정쩡하게 인사를 받고 헤어졌다. 며칠 후에 경안이가 나에게 우편물을 보내왔다. 시는 변함없이 조잡했고 전혀 발전이 없었다. 시의 재능과 무관한 산림조경학과에 가서 다행이라는 생각이 들었다. 그런데 시와 함께 보내온 편지글이 있었다. 대학에 가서도 시를 쓰면 머리가 맑아지고 공부가 잘된다는 내용이었다.

그랬구나. 경안이의 공부법은 '시 쓰기'였다. 덧붙이면 '시를 쓰면서 마음을 다스리기'. 공부하는 수험생들에게는 자기만의 마음 다스리기 방법이 있어야 한다. 그렇게 마음을 스스로 다스릴 줄 알아야 공부를 시작할 수 있고 진전도 있다.

… 특히 그때 선생님께서 마음속에 있는 울분과 슬픔을 풀어서 시를 써 보라는 말씀이 너무 인상 깊었습니다. 그냥 막 시를 쓰고 나면 화도 풀리고 집중력도 좋아져서 검정고시와 수능 공부도 잘 해낼 수 있었습니다. 제 마음속의 우울했던 그림자가 조금씩 사라지는 걸 알 수 있었습니다. 저는 선생님께서 알려주신 대로 그냥 행시를 썼는데….

그때 나는 뒤통수를 한 대 얻어맞은 듯했다. 행시. 바로 행시였다. 나는 창작 강의를 할 때 처음 시를 쓰는 사람은 삼행시를 짓는 기분으로 써 보라는 말을 많이 했다. 소년원에서 강의를 할 때도 그런 이야기를 했던 모양이다. 나는 행시로 다시 경안이의 시를 읽어 보았다.

그만하면 됐어
누이 말해 봤지만
구절절 말해 봤지만
라면을 먹으며 말했지만
도저히 알 수 없어

내가 아무리 불러도
손수건을 흔들면 떠나가는 사람들
잡아 주고 싶은 손
애무도 나에게 오지 않지만

㉣ 건 없어도 마음은 너에게

㉣ 가서며 흔들렸던 마음

㉣ 도날처럼 서글퍼지네.

'그 누구라도 내 손 잡아준다면.'

나는 경안이에게 행시를 말해 주고도 정작 읽어 내지 못했던 것이다. 행시로 다시 읽은 경안이의 시는 단순하지만 순수하고 맑고 투명했다. 경안이가 나에게 보내 준 글을 통해 시로 마음을 다스린 그 영혼이 얼마나 영롱한지 새삼 느낄 수 있었다.

경안이는 산림조경학과를 졸업하고 전통한옥단지의 조경사가 되었다. 어느 날, 경안이에게서 전화가 왔다. 시집을 출간했는데 나에게 가져오겠다는 것이다.

"처음에 선생님께 서문을 부탁드리고 싶었는데… 너무 쑥쓰러워서 그냥 냈어요."

"그래? 아주 잘했다. 그런데 지난번에 임실 한옥 조경을 한다고 했었나?"

"아, 예. 거기는 끝났고요. 지금은 옥천 금강변 한옥 단지로 넘어왔어요. 여기 경치가 정말 끝내주네요."

"그래? 그러면 내가 월요일에 시간이 되는데 한번 가 볼까?"

"예? 선생님께서 오시면… 저야 너무 좋죠. 시설은 거의 다 완공이 되었는데 입주가 아직 안 돼서 주무시고 갈 수 있는 황토방도 있어요.”

경안이는 아주 환한 목소리로 말했다. 나는 오랜만에 제자를 만난다는 설렘, 시집은 어떨지 궁금함, 그리고 금강이 내려다보이는 한옥마을은 얼마나 아름다울까 하는 기대감을 가지고 옥천에 갔다.

금강을 끼고 도는 옥천 동이면의 한옥 집은 말 그대로 한 폭의 그림이었다. 경안이는 추녀가 아주 멋진 대청마루 뒤편에서 바위 사이에 향나무를 심고 있었다. 바위는 인공적으로 꾸미거나 가져온 것이 아니라, 터를 닦는 과정에서 튀어나온 것을 자연스럽게 살린 것이라고 했다.

“이 집은 바위에 하나도 상처를 내지 않았어요. 바위가 이리저리 비뚤어진 대로 툭 튀어나오면 그대로 튀어난 대로 살리고 그 사이사이에 땅을 다지고 주춧돌을 올렸어요. 저 아래 금강의 은물결과 주변의 산세가 어우러져서 정말 멋진 작품이 나왔네요!”

경안이의 설명대로 바위의 자연스러운 멋을 최대한 살리기 위해 건축도면까지 새로 수정해서 이뤄 놓은 한옥은 바라보는 것만으로도 치유가 될 정도로 아름다웠다.

바위 사이사이에 나무를 심는 경안이를 보면서 나는 경건한 마음이 들었다. 나무를 억지로 심기 위해 바위를 깨거나 흔들지 않았다. 바위 사이에 물을 뿌려서 흙이 자연스럽게 흘러나오게 하고 공간이 생기면 그 사이에 나무뿌리를 조심스럽게 넣었다.

금강과 한옥, 바위와 나무 감상을 맘껏 하고 나서 대청마루에 누웠다. 추녀곡선이 멋지게 그려진 하늘을 올려다보면서 솔솔 불어오는 바람을 느꼈다. 나는 경안이의 시집을 펼쳤다.

그리움

꽃이 피면 아이의 맑은 웃음이 보이고
꽃이 지면 엄마의 희미한 눈물이 보인다

어린 아들의 면회를 마치고 쓸쓸히 돌아서던 노인네의 굽은 등

가장 곧은 것은
지극히
굽어 보인다

어디로 향할지 모르는 꽃잎의 서늘한 그림자

경안이의 시는 아주 부드러운 곡선을 담고 있었다.

마음 안아 주기

나는 입시 상담을 할 때, 지금 마주한 이 아이의 마음에 나무를 심는다고 생각한다. 아이가 원하는 나무가 될 씨앗을 고르는 일만 도와주자고 다짐한다. 그다음은 오롯이 아이 자신의 몫이다. 싹이었던 나무는 시간이 지나 뿌리를 내리고 줄기를 틔우고 잎을 벌리고 꽃을 피우고 열매를 맺을 것이다. 단, 아이가 스스로 자신의 마음을 따뜻하게 안아 주어야 가능한 일이다.

깊은 밤에 혼자 깨어 막막한 순간, 빗소리를 들으며 새벽 창문을 여는 순간, 빈방에서 불도 켜지 못하고 멍해지는 순간… 그 무엇으로도 감당할 수 없는 순간에 찾아오는 마음의 울림이 있다. 그 마음의 울림을 들어야 한다. 그렇게 내 마음이 이야기하는 소리에 귀를 기울이자. 친구, 성적, 진로라는 비바람이 나를 짓누를 때, 내 마음은 뭐라고 하소연하는가.

공부를 시작하기 전에 시 쓰기를 통해 마음을 다스렸던 경안이처럼 마음 치유부터 하자. 그림을 그려 보거나 음악을 들어도 좋다. 산책할 때 마음이 편하고 잔잔해진다면 운동화를 신고 나가서 무작정 거닐어도 좋다. 마음을 바로 보고, 안아 주면, 풀린다. 그렇게 맺힌 걸 풀어야 비로소 공부를 시작할 수 있다.

PART
2

꿈을 현실로 만든
우리들의 대입 이야기

뱀이 좋은 걸 어떡합니까?

개를 데리고 산책하는 사람들을 보면, 데리고 다니는 개와 매우 닮았다는 생각이 든다. 주인이 긴 머리면 개도 머리털이 길게 늘어뜨려져 있다. 주인이 둥그스름한 얼굴형이면 개의 얼굴형도 동글동글하다. 자신과 닮은 개에게 끌려서 키우게 됐는지, 키우다 보니 취향에 맞춰서 모습을 바꿔 준 것인지는 잘 모르겠다. 어쨌든 개와 주인은 참 많이 닮았다는 느낌을 여러 번 받았다.

정헌이를 처음 보았을 때 매우 차가운 인상을 받았다. 눈빛도 매우 날카로웠고… 뭐랄까, 전체적으로 서늘한 기운이 느껴졌다.

"너 혹시 스키장 다녀왔니? 왜 그렇게 서늘해 보여?"

"아뇨."

"대학 진학은 생각한 것이 있니?"

"아뇨."

"진로 탐색이나 직업 탐색 그런 거 해 봤어?"

"아뇨."

정헌이의 답변은 아주 간결했다. 그 차가운 기운에 눌려 나는 더는 질문하고 싶은 마음이 사라져 버렸다. 그런데 그런 기운은 나만 느낀 게 아니었다. 정헌이와 같은 학교에 다니는 친구들도 그 옆에 앉지 않았다. 정헌이와 수업을 끝내고 나온 선생님들도 왠지 경직돼 있었다. 그로부터 한 달쯤 후에 회식 자리에서 한 선생님이 정헌이 이야기를 꺼냈다.

"원장님, 정헌이 보면 조금 이상하다는 생각 들지 않으세요?"

"정헌이? 그 애가 조금 서늘한 기운이 있지."

"그렇죠? 원장님도 그 애를 보면 뭔가 서늘해 보이죠?"

"그 애 일진인가? 항상 혼자 다니는 걸 보면 왕따 같기도 하고…."

"일진도 아니고 왕따도 아닌데 싸움은 진짜 잘하나 봐요. 학교에서 아주 유명하다네요."

"설마 애들 돈 뺏고 그러는 건 아니겠지?"

"그런 건 아닌데 누가 건드리지를 못하나 봐요. 그런데… 정헌이가 집에서 뱀을 키운다네요!"

"뭐? 집에서 무슨 뱀을 키워?"

"정헌이 방에 가면 온갖 파충류가 가득하다는데요. 얼마 전에는 뱀이 거실로 기어 나와서 아파트 소독을 하던 분이 기절한 적도 있다던데요."

"참 나, 녀석 아주 그냥 사차원이구만…."

"정헌이가 가방에 뱀을 넣고 다닌다는 소문이 있어요."

"뭐? 에이, 설마! 그러기야 하겠어?"

"진짜라니까요. 애들 중에도 본 애가 있대요. 파란 플라스틱 통에 뱀을 넣어서…."

선생님은 진저리를 치면서 얼굴을 찡그렸다. 그 순간, 나는 정헌이의 첫인상이 떠올랐다. 서늘한 기운과 날카로운 눈매…. 그래, 그건 바로 뱀! 뱀이었다. 정헌이는 뱀과 닮았다!

강의실에서 뱀을 만나지 않기를 간절히 바라며 나는 이 파충류 소년과 어떻게 이야기를 나눠야 할지 고민했다. 왠지 파충류 소년 박정헌은 뭔가 일을 크게 낼 것만 같은 예감이 들었다. 아! 그런데 역시 이 아슬아슬한 예감은 부정적인 일과 연결되고 말았다. '예감' 뒤에는 대부분 '좋지 않다.'라는 말이 따라온다. 그리고 그 예감은 현실이 되었다.

"끄으아! 으아앗, 끄으아악!"

어느 날, 정헌이 반 여학생들이 비명을 지르며 강의실에서 복도로 뛰어나왔다. 여자 선생님 한 분은 여학생들의 손을 잡고 같이 소리 내어 울고 있었다.

"아흐으, 원장님 어떻게 해요? 아흐, 어떻게 해?"

"뭔 일이야? 왜 그래요?"

나는 깜짝 놀라서 학생들이 가리키는 강의실로 뛰어 들어갔다. 아!
나는 그때 분명히 보았다. 뱀인지 인간인지 구분하기 어려운 한 생명
체의 서늘한 뒷모습을…. 그 어느 때보다 날카로운 눈빛과 주변 공기
까지 모두 차갑게 만들어 버릴 듯한 오싹한 공기를…. 파충류 소년,
아니 파충류 괴물 박정헌이가 뭔가를 주섬주섬 담아서 플라스틱 통
에 넣고 있었다. 아! 나는 그때 분명히 보았다. 혀를 날름거리며 몸을
꿈틀거리는 섬뜩한 파충류를….

나는 또다시 파충류 소년이 무슨 짓을 할지 몰라서 조용히 집으로
돌려보내고 나서 정헌이 어머니에게 전화를 걸었다. 정헌이 어머니는
한숨부터 쉬었다.

"아휴우, 진짜 또 그랬어요? 아니, 원장님 저 진짜 어쩌면 좋을까요?"

"어머님, 그러니까 앞으로 수업을 받으러 올 때 뱀을 갖고 오게 하
면 절대 안 됩니다. 여학생들이 울고불고 난리가 났어요."

"당연히 그렇겠죠. 저도 무서운데 다른 애들은 어떻겠어요? 그런데
원장님, 저 진짜로 어떻게 하면 좋을까요? 저 녀석 저거 사람이 될까
요?"

아! 어무이, 왜 저를 낳으셨나요? 아니 학원에 뱀을 가지고 오는 아
이에게 그러지 않게 해 달라고 부탁하는데, 그 어머니가 나에게 하소
연하면 어떻게 대답합니까! 나는 그저 국어와 글쓰기를 가르치고 입
시 상담을 해 주는 선생일 뿐입니다. 파충류 소년의 파격적인 취미
생활까지 관여할 수 있는 위치가 아니란 말입니다.

더 큰 문제는 그다음에 일어났다. 학생 부모들의 항의 전화가 빗발쳤다. 소문은 이상하게 돌고 돌아서 학원에서 뱀이 나왔다, 학원장이 뱀을 좋아한다, 학원에서 뱀을 키운다로 확대되었다. 그리고 더는 무서워서 학원에 못 보내겠으니 환불을 해 달라는 소동까지 벌어졌다. 나는 결국 파충류 소년 파충류 괴물 파충류 웬수 박정헌을 불렀다.

"야, 너 똑바로 말해! 왜 학원에 뱀을 풀어 놓은 거야? 그거 독사라는 소문이 있던데 진짜야?"

"아뇨."

"도대체 그런 뱀을 왜 가지고 와? 너 일부러 풀어놨다면서?"

"아뇨."

"야, 인마. 거기 있었던 사람들이 다 그러던데⋯ 그리고 CCTV를 보니까 네가 분명히 가방에서 뭘 꺼내 놓고 나서 얼마 후에 난리가 났어. 네가 뱀을 풀어놨잖아!"

"아뇨."

나는 약간 이성을 잃은 채 정헌이를 다그쳤다. 하지만 파충류 소년은 고개를 저으며 아니라는 말만 되풀이했다. 나는 결국 데스크로 나가서 CCTV를 돌려 보며 이 뻔뻔한 파충류 소년의 만행을 확인시켜 주었다.

"여기 봐봐. 지금 네가 가방에서 뭔가 꺼내고 조금 이따가 여기 이 학생이 책상으로 뛰어올라가고⋯."

"지기 원짱님, 세가 가방에서 꺼낸 건 맞는데 그건 뱀이 아니라⋯."

"너 이런 식이면 학원 못 다녀. 다른 학부모들이 항의하고 난리가 났어."

"저 그건 진짜 뱀이 아니라…."

정헌이는 가방에서 플라스틱 통을 꺼냈다. 그 안에는 뱀이 들어 있었다. 나는 흠칫 놀라서 뒤로 물러섰다. 정헌이가 가방에서 꺼낸 것은 뱀이 아니라 촉감까지 거의 비슷한 뱀 모형 장난감이었다. 도대체 뭘로 어떻게 만든 것인지 실제 뱀이 아니라는 것을 확인하고도 만지기가 꺼려질 정도였다. 탄력성이 우수한 실리콘 재질이어서 바닥에 놓으니 꿈틀거리는 것 같았고, 검붉은 비늘은 정교하게 박혀서 살아 있는 뱀처럼 보였다.

"야, 이 미친… 어휴우, 아니 넌 이런 걸 왜 가지고 다니는 거야?"

"그러니까 그게…."

정헌이는 자신이 왜 뱀을 좋아하고 왜 이런 것을 가지고 다녔는지 조심스럽게 말하기 시작했다.

정헌이는 중2 때 전학을 오면서 집단따돌림을 당했다. 낯선 환경에서 왕따까지 당하니 죽고 싶은 마음뿐이었다. 그러다가 우연히 파충류 전시장에 가서 뱀을 보았는데, 너무도 외롭고 불쌍해 보여서 한참 그 앞에서 울었다는 것이다.

정헌이에게 뱀은 정말 운명 같은 존재였을까? 파충류 전시장에 다녀온 며칠 후였다. 정헌이는 학교 체육관 옆 창고에 혹시 농구공이 있나 보러 갔다가 그 언저리에 모여 있던 다른 친구들이 기겁하고 도망치는 광경을 목격했다.

"뱀이다. 창고 안에 뱀이 있어!"

정헌이는 그 소리를 듣고 창고 안으로 들어가서 뱀을 찾아냈다. 잔뜩 겁먹은 뱀이 낡은 탁구대 아래에 숨어 있었는데, 그렇게 불쌍해 보일 수가 없었다. 정헌이는 조용히 다가가 맨손으로 조심스럽게 뱀 머리 바로 아래쪽을 감싸 쥐었다. 정헌이가 뱀과 함께 창고 밖으로 나오는 모습을 멀리서 지켜보던 체육 선생님과 많은 학생이 헉하며 놀랐다. 그 이후 갑자기 친구가 생기고 학교생활이 활기차게 된 것은 아니지만, 적어도 정헌이를 괴롭히는 아이들은 없었다. 뱀이 왕따를 벗어나게 해 준 셈이다.

"뱀을 보면 참 좋아요. 뱀은 정말 예민한 친구라서 자기를 공격하려고 하는지 함께 놀아 주려고 하는지 기가 막히게 잘 알아요. 그리고 무엇보다 뱀을 키우기 시작하면서부터 엄마가 내 방에 들어오지 않아서 참 좋아요."

"그러면 집에서 야생 뱀을 키우는데 부모님이 허락을 하신 거야?"

"아뇨. 저는 그러고 싶었는데 야생 뱀은 위험할 수 있다고 그래서… 아버지 허락을 받고 애완 뱀을 키우기 시작했어요. 콘스네이크 같은 종류는 정말 착하고 애교도 많아서 진짜 친구가 될 수 있어요."

정헌이의 눈망울이 초롱초롱하게 빛났다. 그런 모습은 처음이었다. 착한 뱀은 어떻게 생겼을까? 뱀이 부리는 애교는 어떻게 파악을 하고 어떻게 받아들여야 할까? 나는 어릴 때 산길에서 뱀에 물렸던 무서운 기억이 되살아나서 쉽게 공감할 수 없었지만, 정헌이의 그 빛나는 눈동자를 보면서 왠지 그 아이와 함께 희망을 만들어 갈 수 있지 않을까 하는 생각이 들었다.

정헌이는 농업계 특성화고로 전학을 가서 애완용 뱀 농장을 운영하는 것이 꿈이었다. 하지만 그 어떤 농업계 학교에서도 뱀을 키우는 곳은 없었다. 나는 일단 인문계로 진학하고 축산이나 생명공학 관련 쪽을 전공해 보는 방법을 제안했다. 정헌이는 축산계열 쪽으로 진학하겠다고 했다. 한적한 시골에 땅을 사서 좋아하는 뱀을 키우며 살고 싶다는 것이었다. 나는 축산 쪽에만 제한을 두지 말고 생명과학부와 같은 계열로 조금 더 확장해 보라고 재차 권했다. 다행히 정헌이는 내 말을 귀담아 듣고 생명과학부에 적합한 포트폴리오를 만들어 갔다.

소극적이었던 정헌이는 동아리를 주도해서 만들고 독서 활동도 생명과학에 맞춰서 진행했다. 내신 3~5등급이었던 정헌이는, 내신 2등급 초반까지 올랐을 때 세 곳의 대학에서 합격통지서를 받았다. 그중에는 그토록 가고 싶어 하던 중앙대 생명과학부도 있었다.

파충류 소년의 입시는 망망대해를 표류했다. 농업계 특성화고에서, 축산계열로, 그리고 생명과학부까지 오랫동안 고민했다. 그런데 진짜 자신이 좋아하는 것을 찾는 순간 입시 표류기를 끝낼 수 있었다. 지금은 정말 좋아하는 뱀을 가까이 두고, 입학하기를 원했던 대학에서 행복하게 지내고 있다.

중3 겨울방학을 놓치지 마라

입시 정보는 매우 방대하고 해마다 달라진다. 그러므로 항상 점검하고 또 점검해야 한다. 예전에 학력고사나 수능 정시 비중이 높을 때는 입시 전문가라는 사람들의 컨설팅이 꽤 효과가 있었다. 학력고사나 수능 점수만으로 대학을 결정할 때였기에 그랬다. 하지만 수시 비중이 60퍼센트 이상인 상황에서 그것도 학생부가 입시를 좌우하고 있다면 고3 때 컨설팅을 받아봤자 지금까지 해 온 활동을 바탕으로 참고 의견을 제시하는 데에 그친다. 이미 학생부에 1학년 방송국 PD, 2학년 영화감독, 3학년 사회 선생님이라고 기록된 학생에게 전공의 방향을 제시할 수는 없다.

누가 뭐라고 하더라도 전공적합성을 기반으로 한 학생부 기준으로 원서를 써야 한다. 그러려면 고교 입학 전에 전공에 대한 확신을 가지고 추진해 나가야 한다. 중3 기말고사가 끝나고 예비고 과정이 시작되는 겨울방학이 적기다.

이때는 내가 정말 좋아할 만한 직업군을 고민해야 한다. 그런데 이 시기에 꼭 이런 말을 하는 학생들이 있다.

"선생님, 저는 게임을 너무 좋아해서 중앙대 e스포츠학과에 가려고 하는데 도와주세요."

나는 "꿈 깨라. 내가 해 줄 게 없다."라고 단호하게 말한다.

대한민국 청소년 중에 게임을 좋아하지 않는 학생은 거의 없다. 하지만 게임관련학과를 가겠다면 정말 손가락 길이부터 타고나야 한다. 고도의 집중력과 탁월한 판단력, 몇 시간을 한자리에 앉아 있어도 끄떡없는 체력과 지구력…. 이건 정말 타고나지 않으면 불가능하다. 오락으로 좋아하는 것과 직업으로 삼는 것은 다른 문제이므로 진지하게 고민하자.

중3 겨울방학 때 국영수 공부에만 매달리지 말고 나의 신체적 특징, 식습관, 독서 이력, 진로 상담 프로그램, 직업의 특성 등을 정확하게 파악해야 한다. 그다음 진로의 윤곽을 잡아 놓는다. 현시점의 입시 제도에서는 중3 겨울방학을 놓치면 시기를 다시 잡기가 어려워진다.

일반적인 교육의 관점이 아닌, 순수한 입시 전략의 차원에서 이 말을 꼭 해 주고 싶다.

"중3 겨울방학 때 정한 진로는 끝까지 밀고 가는 것이 좋다."

우왕좌왕하는 사이에 고교 3년은 금방 지나간다. 일단 고교 열차에 올라타면 눈 깜짝할 사이에 시간이 흘러간다. 열차를 타기 전에 행선지를 분명히 정해야 한다.

파충류 소년이 입시 표류기를 마무리할 수 있었던 것은 진짜 좋아하는 뱀을 만났기 때문이다. 좋아하면 만날 수 있고 만나면 더 좋아질 수 있다. 나를 설레게 하는 그 무엇, 중3 때 발견해라. 그러면 꿈을 현실로 만드는 시간을 앞당길 수 있다.

엄마 같은 봄

중이병의 가장 심각한 증세는 남을 탓하는 것이다. 그 원망의 대상은 주로 엄마가 된다. 학교를 늦은 것도 엄마 탓, 교복이 구겨진 것도 엄마 탓. 친구와 싸운 것도 엄마 탓. 중간고사를 망친 것도 엄마 탓….

엄마에 대한 원망과 짜증과 투덜거림은 끝이 없다. 말이 중이병이지 이런 증세가 고등학생 때까지 이어지는 학생들이 너무도 많다. 그런데 한편으로는 부럽기도 하다. 누군가를 탓할 수 있다는 건 역설적이게도 그 사람을 가장 믿어서가 아닐까?

나도 마음껏 누군가를 원망해 보았으면 좋겠다. 아무리 원망해도 말없이 내 어깨를 토닥여 주는 엄마를 딱 한 시간만이라도 만나 봤으면 좋겠다.

그런 엄마 같은 학생을 만날 때가 있다. 내가 무엇을 가르치고 학생의 고민을 들어주는 것이 아니라, 거꾸로 학생을 통해 위안을 받고 마음 치유가 된다.

아버지가 유언도 남기지 못하고 돌아가신 직후에 봄이를 만났다. 나는 엄마에 이어 아버지마저 허망하게 보낸 후라서 어떻게 살아야 할지 막막했다. 상을 치르고 나서 정신을 차리지 못한 채 거의 의무적으로 수업을 했다. 그때 봄이를 만났다. 맨 앞자리에 앉아서 똘망똘망한 눈으로 내 수업을 듣는 학생.

그때 겨우 열일곱 살이던 봄이는 어떤 이유에서인지 나에게 큰 위안을 주었다. 나는 자꾸 코피가 나서 매우 힘든 시기를 보내고 있었다. 엄마가 세상을 떠난 후에 어느 정도 마음을 다스렸다고 생각했는데, 아버지가 돌아가시는 바람에 또다시 상처가 되살아나고 있었다.

엄마가 돌아가신 다음 해 봄에 목련꽃이 피자 나는 자꾸만 코피를 쏟았다. 내과를 전전하다가 정신과 치료를 한번 받아 보면 어떻겠냐는 의사 선생님의 조언을 들었다. 서재처럼 꾸민 정신과에서 치료를 받으며 내 마음속에 어떤 상처가 숨어 있는지 알았다.

여덟 살 때 국민학교(초등학교의 옛 명칭)에 입학하고 며칠 지나지 않아 나는 매우 심한 몸살을 앓았다. 학교에 가지 못하고 하루 종일 어두운 방에만 누워 있는 어린 막내아들이 안타까웠던 엄마는 밭에서 일하다가 들어와서 나를 살펴보곤 했다. 바쁜 농사일 때문에 아버지의 눈치를 보면서도 중간중간 나를 업고 달렸다. 그때 몸은 너무 아파서 힘들었지만, 노래를 흥얼거리며 나를 업어 주던 엄마의 등은 참으로 따뜻했다.

우리 가족이 살던 시골집 마당에는 목련나무 한 그루가 있었다. 그 아련한 목련꽃 향기를 맡으며 그 따뜻한 등에서 스르르 잠들면서 아무리 힘들어도 엄마가 있으면 이 세상에 두려울 것이 없다고 생각했다.

대학 때 휴학을 하고 공사장에서 벽돌을 나르다가도 목련꽃이 핀 걸 보면 엄마 생각이 나서 혼자 훌쩍거리기도 했다. 신촌 사거리에서 최루탄을 맞고 백골단을 피해 도망을 치면서도 목련꽃이 핀 것을 보면 엄마 생각이 났다. 나이가 들어서 직장 생활을 하면서도 문득 출근길에 목련꽃이 핀 것을 보면 엄마 생각이 나서 전화를 걸곤 했다.

그런데 엄마가 돌아가시고 나니 내 마음속 어딘가 깊은 곳에 있던, 세상 사람들이 모두 나를 버려도 엄마만큼은 지켜 줄 것이라는 믿음, 그것이 깨지고 이제 엄마가 이 세상에 없다는 내면의 흔들림이 코피를 쏟게 했던 모양이다. 지금도 목련꽃이 피면 가끔씩 코피를 쏟고 멍해지곤 한다.

"에이, 엄마 때문이야!"

마음껏 엄마를 원망해 보고 싶다. 어떤 원망을 해도 받아 줄 우리 엄마는 이제 이 세상에 없지만….

봄이에게 의지했다, 열일곱 살밖에 안 된 그 어린 학생에게 왜 그나지도 의지했을까. 봄이는 늘 웃는 인상이었고 목소리도 다정다감했으며 수업 준비는 완벽했다. 수업 시간에 분위기도 잘 맞춰 주었다.

"하하하! 선생님, 이제 공부하지요."

이렇게 말해도 전혀 기분 나쁘지 않았다. 가끔씩 나는 아이들이 힘들어할 때 수업 내용과 연관시켜서 나름대로 재미있는 이야기를 해 줄 때가 있다. 그럴 때 일부 진지한 학생들이 "이제 공부합시다."라고 하면 분위기가 참 어색해지는데, 봄이는 그렇게 말해도 기분 좋았다.

봄이는 수업 중간중간에 정말 적절한 질문을 해 주었다. 그날 수업 시간에 가장 핵심이 되는 내용을 정확히 짚어 내고 다시 한 번 더 강조할 수 있도록 해 주기도 했다.

봄이는 확실히 엄마였다. 선생이라고 해서 모든 것을 알 수는 없다. 모르는 것도 아는 척하기도 하지만 사실 세상사를 다 아는 선생은 없다. 봄이는 선생이 무엇을 어려워하는지 알고 그 어려움을 기댈 수 있게 만들어 주는 학생이었다. 진짜 힘이 들 때 치유의 힘이 무엇인지를 보여 주었다. 봄이를 보고 있는 것만으로도 힘이 나고 지치고 어려울 때 시간표를 보면서 "아! 두 시간만 더 하면 봄이가 오겠구나." 하며 힘든 시간을 버틸 수 있었다.

봄이는 수능 전 과목 1등급을 받았다. 제2외국어 스페인어까지 수능 전 과목 1등급의 성적표였다. 그리고 자신의 신념에 따라 서강대 국문학과에 입학하였다. 나는 약간 아쉬움이 있었지만 그때도 봄이는 나를 위로해 주었다.

"선생님, 서강대 국문학과면 선생님이 저를 자랑스럽게 생각해 주실 거잖아요. 저는 그것만으로도 너무 행복해요."

아니, 도대체 이런 아이가 무엇 때문에 나에게 와서 국어를 배웠을까? 나는 그 순간 봄이의 모습에서 다시 엄마를 보았다. 아무래도 전생에 봄이는 나의 엄마였던 것이 분명하다. 아마도 나에게 못해 준 것이 있어서 이번 생애에서 내 마음을 보살피기 위해 학생으로 배우러 온 척을 한 것이 아닐까.

봄이는 졸업한 후에도 늘 편지와 작은 선물을 보내 왔다. 스승의 날이라고 전화를 주고, 내 생일날… 그것도 양력 생일도 아닌 음력 생일을 기억했다가 정성스럽게 손 편지를 보내왔다. 봄이의 손 편지를 읽다 보면 왈칵 눈물이 나곤 했다. 봄이는… 전생에 나의 엄마였던 것이 분명하다.

봄이는 언제 봐도 봄이다. 봄이가 "선생님!" 하고 부를 때, '님' 자 부분에서 봄이만의 독특한 억양이 담긴다. 착하고 유쾌한 봄이…. 봄이가 좋은 교사가 되어 많은 아이에게 희망을 심어 주기를 기대해 본다.

봄이는, 언제 봐도 봄이다.

상대성을 점검하고 파악해라

수능 전 과목 1등급을 받은 봄이. 제2외국어인 스페인어까지 완벽하게
전 과목 1등급이었다. 큰 고민 없이 다음과 같이 지원했다.

가군 서강대

나군 연세대

다군 중앙대

외고 특성상 내신이 약간 아쉬운 점이 있어서 가군에서 서울대를 쓰지
못하고 서강대를 썼다. 나군에서는 연세대와 고려대 중에서 망설이다가
연세대에 지원했다. 고려대도 적극적으로 검토했으나 봄이는 친한 선배
가 재학 중인 연세대를 선택했다.

문제는 다군이었다. 다군에서 눈길이 가는 대학은 중앙대와 한국외대였
다. 봄이보다 내신도 약하고 수능 등급도 떨어지는 학생들이 중앙대와 외
대에 붙은 상황에서 봄이는 다군에 적을 대학에 만족할 수 없었다. 결국
중앙대를 선택하기는 했으나 봄이의 마음은 온통 연세대에 가 있었다.

피를 말리는 시간이 지나서 합격자가 발표되었다. 결과는 가군 서강대 합
격, 다군 중앙대 합격, 아쉽게도 연세대는 예비 후보 8번이었다. 더욱 아
쉬운 것은 봄이보다 수능 등급이 낮았던 친구가 고려대에 합격했다는 사
실이었다.

이럴 때 참 안타깝고 답답한 마음을 어디에 하소연할 수도 없다. 입시 요강 하나하나를 꼼꼼하게 다시 점검하고, 주요 입시 사이트에서 지원 가능 정도를 예측해 보고, 최근 입시생들의 학생부와 수능 정도를 치밀하게 분석하면서 지원했지만 연세대 예비 후보라는 것이 충격적이었다.

수능 전 과목 1등급을 받아도 연세대 국문학과에 입학할 수 없다면 도대체 어떻게 해야 한단 말인가? 물론 정시는 수능 등급만으로 가는 것이 아니라, 표준점수와 백분위 등 학교별 전형에 따라 각기 다른 전략을 세워야 한다. 하지만 아무리 생각해 보아도 봄이의 입시 전략에는 문제가 없었다. 차라리 어떤 원인이라도 찾을 수 있으면 좋을 텐데 뚜렷한 이유를 찾을 수가 없었다.

"아! 차라리 고대에 넣어 볼 걸…"

하지만 그건 누구도 함부로 결론지을 수 없는 결과였다. 다시 말하지만 입시는 상대적인 것이라서 어떤 학생이 어디에 지원할지는 아무도 모른다. 마지막 순간에 누가 그 대학에 원서를 쓰느냐에 따라 상대성이 요동친다.

봄이는 일단 서강대에 등록했다. 최종적으로 연세대는 봄이에게 기회를 주지 않았다. 이제부터 또 다른 고민은 재수를 할 것이냐 말 것이냐의 고민이었다. 수능 전 과목 1등급을 받았고, 국영수는 매우 안정적인 실력이었으며, 사탐과 제2외국어는 탄탄하게 개념 정리를 끝낸 상태였다. 봄이처럼 차분한 학생은 재수를 해도 충분히 성공할 가능성이 높았다. 봄이의 부모님도 재수를 생각하고 있었고, 나도 그러라고 권했다. 봄이는 잠시 생각해 보겠다고 하더니 며칠 후에 조용히 나를 찾아왔다.

"저희 엄마 아빠도 그렇고 선생님도 그렇고 저를 믿어 주셔서 너무 감사해요. 그런데 저는 올해 최선을 다했고, 수능 전 과목 1등급도 너무 고마울 뿐이에요. 밤새워 생각해 보았는데… 저는 서강대에 가서 열심히 공부해 보려고요. 저도 말하지 못해서 그렇지 수능 며칠을 앞두고 경험했던 그 압박감과 두려움을 다시 또 겪고 싶지는 않아요. 제가 서강대에 가도 선생님은… 저를 자랑스러운 제자로 생각해 주실 거잖아요."

그 말을 하면서 봄이는 눈물을 뚝뚝 흘렸다. 그때 문득 누군가 한 말이 떠올랐다.

"어른 같은 아이는 없다. 다만 조금 더 참고 버티고 내색을 하지 않을 뿐이다."

생일이 빨라서 일곱 살에 초등학교에 입학했던 봄이는 그때 겨우 열여덟 살이었다.

야! 원장 나오라고 해

수시 지원 대학의 선택 기준

대학에 대한 인식은 참 묘해서, 일단 합격하고 나면 아쉽게 느껴지는 경우가 많다. 특히 학부모들이 그렇다. 원서를 쓸 때는 간절하게 제발 합격만 하게 해 달라고 기도하다가도, 막상 합격하고 나면 "더 상향으로 써도 충분했는데, 이게 뭐냐?" "처음부터 합격할 줄 알았는데 아쉽다." "수시 합격하면 정말 정시 못 가는 거 맞냐? 그럼 그걸 왜 진작 말해 주지 않았냐?"며 진짜 별소리를 다 한다. 그래도 뭐 이건 내 직업이니 어쩔 수 없다 하고 넘어갈 수 있다. 하지만 술 취한 아버지들이 따지려고 방문해서 큰소리를 내면 너무 무섭다.

"야! 원장 어디 있어? 당장 나오라고 해!"

참 부끄러운 이야기이지만 나는 그런 한 아버지에게 맞은 적이 있다. 내가 터무니없는 수업료를 받고, 불성실하게 가르쳐서 그랬다면 맞아도 크게 할 말이 없다. 하지만 나를 직접 만나 보면 알지만 키도 작고 너무 순하게 생겨서 별로 때리고 싶은 그런 면상이 아니다. 그리고 내 입으로 말하기가 조금 그렇지만, 한 번 맡은 학생에게는 정말 최선을 다한다.

그렇더라도 학부모가 때리면 맞을 수밖에 없다. 경찰에 신고할 수도 없다. 때로는 사람들 앞에서 잘난 척을 하며 입시 전략을 말하고, 국어 학습 방법을 설득하지만, 입시 결과가 나올 때면 트라우마에 시달린다. 그리고 뉴스가 아닌 현실에서 학부모에게 맞았을 때, 정말 말로 표현할 수 없는 자괴감이 밀려온다. 그런 날에는 잘 마시지도 못하는 술이라도 한잔해야 겨우 진정된다.

재훈이는 전교 5위권 안에 들었다. 학생회장으로 교내외 활동도 매우 탁월하게 해냈다. 어머니는 교육열이 매우 높았다. 상담을 받을 때부터 교재 하나하나를 꼼꼼히 검토하고 초반 3개월, 중반 6개월, 마무리 12개월의 플랜을 요구했다. 덕분에 학년별 학기별 프로그램을 더욱 탄탄하게 짜 놓을 수 있었다. 재훈이와 함께 온 학생들도 매우 뛰어난 아이들이어서 나는 정말 재미있게 수업했다.

재훈이는 수능 모의고사 성적도 매우 높았다. 6월 교육과정평가원 시험에서는 물리2 하나를 빼고 전 과목 1등급을 받았다. 성격도 좋아서 다른 학생들과도 유쾌하게 잘 지냈다. 고3 여름방학에 재훈이는 학원 근처에 독서실을 잡아 놓고 정말 열심히 공부했다. 선생 입장에서는 열심히 공부하는 학생이 가장 기특하다. 그 결과 9월 교육과정 평가원 모의고사에서 물리2는 여전히 2등급을 받았다. 한 번도 그런 적이 없던 아이가 이번에는 영어에서도 2등급을 받았다. 수시 원서를 쓸 때, 어머니는 학교와 컨설팅 업체를 열심히 오가며 상담을 한 모양이었다. 나에게 왔을 때는 자소서 마무리를 부탁하기 위한 단계였다.

"저기 원장님, 이제 원서는 다 마무리되었고요. 자소서 첨삭만 잘 부탁드릴게요."

나는 하고 싶은 말은 많았지만, 이미 수백만 원의 컨설팅 비용까지 지불하며 결정했다는 말에 더는 할 말이 없었다. 그런데 자소서를 첨삭해 주는 과정에서 문제가 생겼다. 처음부터 공대에 가기 위해 물리1과 물리2를 열심히 공부했는데, 물리만 내신이 2등급이라서 약간 불리해 보였다. 나는 재훈이 어머니에게 전화했다.

"저기 어머님, 한양대는 공대가 워낙 점수가 높아서… 특히 여기 건축공학과는 연·고대 일반학과 이상으로 보셔야 합니다. 재훈이 점수면 당연히 욕심을 내셔야 하지만, 하나 정도는 약간 안정선도 필요하지 않을까요?"

나는 지금도 그때 내가 제시한 방법을 후회하지 않는다. 전교 5등이면 분명 공부를 잘한 것이지만 서울대, 연세대, 고려대, 한양대는 모두 공대를 넣고, 지방대 의대 두 곳을 넣은 상황이었다. 아무리 수능 모의고사가 상승세를 보인다 하더라도, 수능 날 컨디션에 따라 어떻게 될지 모르는 일이었다.

나는 오랜 경험으로, "하나 정도는 약간 안정권도 필요하다."는 말만 했을 뿐이다. 어느 특정한 대학을 거론하지도 않았다. 그런데 재훈이 담임선생님도 나와 같은 생각이었던 것 같다. 원서 마감일에 재훈이 어머니에게서 전화가 왔다.

"저기 선생님, 서울대 빼고 중앙대 건축공학과 넣기로 했어요. 자소서 4번 항목이 조금 다른데 한번 봐 주실 수 있을까요?"

나는 조금 떨떠름했지만 시간이 없다는 말에 자소서 보완 의견을 보내 주었다. 그리고 시간이 흘러서 재훈이는 수능을 보았다. 다른 학생에게 들어 보니 재훈이는 수학 답안지를 밀려 쓴 거 같다며 울고불고 난리였다고 한다. 수시로 가지 못하면 큰일이라면서, 내 덕분에 중앙대 쓴 것이 천만다행이라고 고마워하더라는 말까지 들었다. 재훈이 어머니도 제발 중앙대는 합격해야 하는데 큰일이라며 걱정했다. 예상대로 재훈이는 다른 대학은 모두 떨어지고 중앙대만 합격했다.

수능 성적 발표 다음 날, 나는 재훈이 아버지에게 뺨을 맞았다. 거구의 남성이 술에 잔뜩 취한 채 학원 문을 열고 들어왔다.

"야! 원장 어디 있어? 당장 나오라고 해!"

나는 겁에 질린 데스크 직원을 남겨 두고 밖으로 내빼는 그런 치사한 인간은 아니지만 막상 그 거구의 아버지 앞에 서니 도망치고 싶은 마음이 굴뚝같았다.

"야! 네가 원장이면 다야? 네가 설치지만 않았으면 수시 다 떨어져서 정시로 갈 수 있었을 거 아냐!"

재훈이의 아버지는 첫마디부터가 반말과 욕설이었다. 떨어졌다고 그러는 것이 아니라 합격했다고 난리를 쳤다. 재훈이의 수능 성적표를 보니 전 과목 1등급이었다. 나는 아무 말도 할 수 없었다.

"야! 수시에 합격하면 정시를 갈 수 없다는 걸 말해 줬어야지. 너 몇 살이야?"

수시 합격이나 정시 지원 자격과 내 나이가 무슨 상관일까. 답답한 상황이었지만 나는 그저 고개를 숙이고 연신 죄송하다고 말했다.

"우리 애가 서울대도 갈 수 있는 수능 점수가 나왔는데 너 때문에 이제 어떡할 거야? 너 이제 어떻게 책임질 거냐고!"

나는 그 무엇도 책임질 수 없었다. 이제 정말 이 일을 그만두자는 생각뿐이었다. 그러다가 한 순간에 내 뺨에서 번쩍 불이 났고, 우리 선생님들이 달려들어서 재훈이 아버지를 뜯어말렸다. 나는 내 앞에서 벌어지는 일들이 꿈속에서 일어나고 있는 일처럼 비현실적으로 느껴졌다. 잠시 후 재훈이의 어머니가 달려 들어와서 말릴 때도 나는 아무 말도 하지 않았다. '모든 것이 다 내 탓'이라고 생각했다. 그리고 두 번 다시 '이런 일'을 하지 않겠다고 결심했다.

하지만 나는 여전히 이런 일을 하고 있다. 수시 원서를 쓸 때 최종 선택은 자기 자신의 몫이라는 점을 예전보다 몇 배 더 강조하며.

재훈이는 결국 재수를 했다. 그다음 해에 수시는 모두 떨어졌으며 수능은 신통치 않았다. 나는 그때까지도 재훈이의 부모로부터 그 어떤 사과도 받지 못했다. 재훈이는 삼수도 실패하고 군대에 갔다. 첫

휴가를 나온 재훈이가 나를 찾아왔다.

"원장님. 정말 죄송해요. 예전부터 선생님께 사과를 드리고 싶었는데 차마 찾아올 용기가 나지를 않았어요. 원장님 말씀대로 중앙대에 갔으면 좋았을 텐데 너무 후회가 돼요."

나는 그런 재훈이를 보면서 뭐라고 할 말이 없었다. 조금 더 어른답게 일어서서 배웅해 주었어야 했는데…. 그때까지도 서운한 마음이 완전히 풀리지 않았는지 아무렇지 않은 척할 수가 없었다. 나는 수업에 들어가야 한다는 핑계를 대며 재훈이를 서둘러 보냈다.

재훈이는 제대한 후 사수를 준비한다는 소식을 건너 들었다. 그 이후에는 어떻게 지내는지 잘 모르겠다. 재훈이의 소식을 전해 주던 다른 학생도 이제 소식이 끊겼다면서, 유학을 간 것 같다고 했다.

입시는 정말 모른다. 그때 내가 만약 재훈이가 대학 원서를 쓸 때 "하나 정도는 약간 안정선도 필요하지 않을까요?"라고 말하지 않았다면 그 아이의 운명은 어찌되었을까?

입시는 정말 모른다. 적어도 서울 명문대에 갈 것 같은 학생이 재수 삼수를 해도 갈 수 있는 대학이 없거나, 정말 어디도 지원하기 어려울 것 같은 학생이 단번에 원하는 대학에 합격하기도 한다. 최종 선택은 자기 자신의 몫이라고 말하면서도, 이제 겨우 열아홉 살 수험생에게 네 운명을 스스로 결정하라고 독려하는 건 참 잔인하다는 생각이 들기도 한다.

재훈이만 생각하면 마음 한편이 답답하다. 나의 조언으로 인해, 한 사람의 운명이 바뀐 게 아닌가 생각하면 정말 상담하기가 불편하다. 아무리 순수한 마음으로 객관적인 조언을 한다 하더라도, 학생이나 부모는 운명을 건 선택을 한다는 자체가 부담이 될 수밖에 없다. 다양한 방식과 수험생의 선택권을 강조하지만 여전히 누가 전략을 잘 수립하고 그에 맞춰 꾸준히 준비하느냐에 따라 결과가 달라지는 게 입시다.

한 번 사는 인생이다. 원하는 대학에 가서 20대를 열정적으로 살아가겠다는 욕심은 반드시 필요하다. 그래서 나는 이제 막 고등학생이 되는 제자들에게 이런 말을 꼭 들려준다.

"눈은 하늘을 보더라도 발은 단단히 땅을 밟고 있어라."

지금 나의 능력을 키워 줄 대학을 바라보자. 그 꿈을 이루기 위해서는 신발 끈을 단단히 매고 한 발 한 발 등산하듯이 걸어가야 한다.

뽕샘의 공부법 콕콕!

수시 지원 대학의 선택 기준

수시 원서는 보통 9월 중순 이후에 접수한다. 이때 대학과 학과 선택의 가장 중요한 요소는 학교 내신 성적이 아니다. 흔히 수시는 내신이 좋은 학생이 쓴다고 알고 있는데, 이 말은 일부만 맞다. 수시 원서를 작성 시, 대학과 학과를 선택하는 가장 중요한 기준은 무엇일까?

그것은 바로 9월 교육과정평가원 수능 모의고사 등급이다. 교육과정평가원 모의고사가 중요한 이유는 교육청 주관 모의고사와는 달리 재수생이 포함된 등급이 나오기 때문이다. 그리고 이때의 성적이 가장 객관적인 지표가 될 수 있다. 이런 교육과정평가원 모의고사 성적을 기준으로, 아주 간단하게 정리하면 다음과 같은 기본 전략을 세울 수 있다.

① 교육과정평가원 모의고사 등급이 6월보다 9월이 상승세라면, 수시 원서를 조금 더 공격적으로 쓸 수 있다. 안정을 줄이고 도전을 한 군데 정도 더 늘려도 좋다.

② 교육과정평가원 모의고사 등급이 6월과 9월 비슷하다면, 학생부 교과 성적을 바탕으로 대학을 중시하고 학과 선택 비중은 약간 낮출 수도 있다.

③ 교육과정평가원 모의고사 등급이 6월보다 9월이 하향세지만, 교과외 활동이 우수한 학생이라면 학생부 종합전형을 늘려 가면서 대학보다 학과를 중시해서 선택한다.

물론 이것은 말 그대로 기본 전략이다. 학생의 교과발달상황이라든지, 수상 실적, 교내 활동 등을 종합적으로 참고하여 선택해야 한다. 예전에는 학교보다 학과를 중시하라는 말을 많이 했다. 그런데 요즘은 워낙에 부전공이나 복수전공이 활성화되어 있어서, 어지간하면 학교를 먼저 보라는 조언을 자주 한다.

뭘 걱정하십니까? 기도할 수 있는데

고등학교 1학년 때 중3 애들에게 돈을 빼앗긴 적이 있다. 별생각 없이 길을 가고 있는데 덩치가 산만 한 녀석 두 명이 내 가방을 잡아채더니 골목길로 끌고 들어갔다. 너무 순식간에 일어난 일이라서 어떻게 피할 방법이 없었다. 그리고 골목길 소년들의 단골 멘트가 이어졌다.

"용돈 좀 나눠 쓰자."

"난 돈이 없는데…."

"어허, 이게 반말이네. 야, 뒤져서 나오면 10원에 한 대씩이다."

분위기는 점점 더 살벌해졌고, 세 명의 소년들이 골목길 입구를 가로막고 있었다. 누군가에게 맞고 다니지는 않았지만, 영화처럼 17대 1의 싸움을 할 자신이 없던 나는 주머니에 숨겨 두었던 1,000원짜리 한

장을 내놓았다. 골목길 소년들의 표정이 싸늘해지는 순간, 나는 가방 아래에 숨겨 둔 5,000원짜리를 내놓아야 하나 고민하고 있었다. 그때 어느 순간 나타나서 골목길을 가로막고 담배를 피던 소년이 한 마디 툭 내뱉었다.

"야. 그만 보내라. 우리 중학교 선배다."

아! 진짜 굴욕이었다. 그런데 더 굴욕적인 것은… 나는 그 상황이 너무 고마워서 후배에게 고개를 조아리고 골목길을 빠져나왔다는 사실이다.

그 후 20여 년이 훌쩍 지난 어느 날, 이와 비슷한 상황을 겪을 뻔했다. 밤늦게 수업을 마치고 선생님들과 술 한잔하고 택시를 기다리고 있었다. 그때 학생 세 명이 조용히 다가오더니 내 가방을 낚아채고는 저쪽 골목길로 달아나는 것이었다. 너무 순식간에 벌어진 일이어서 멍하니 서 있다가 간신히 정신을 차리고는 골목길 쪽으로 쫓아갔다. 세월이 지나도 변함 없는 골목길 소년들이 매서운 눈초리로 나를 돌아보았다.

"아저씨 왜요? 가방 찾아가시게?"

골목길 소년 중에 한 명이 이죽거리면서 내 가방을 들고 흔들었다. 나는 술기운 덕분인지 배짱도 생기고, 무엇보다 가방에 넣어 둔 휴대전화기는 빼앗길 수 없다는 생각에 학생들에게 다가갔다.

"하아, 참나, 이 아저씨 깡 좋네. 왜 한번 맞짱 뜨시게?"

골목길 소년 세 명이 천천히 다가왔다. 택시도 잘 잡히지 않는 늦은 밤이었고, 뒷골목에는 지나다니는 사람도 하나 없었다. 골목길 소년들이 한 발 한 발 다가왔다. 5미터… 4미터… 3미터…. 이제 더는 도망칠 수도 없는 상황이었다. 내가 가르쳤던 수많은 학생의 모습이 머릿속에 스쳐 갔다. 공부 열심히 안 한다고 구박했던 얘들아, 미안하다. 면학 분위기를 해친다는 이유로 강의실에서 쫓아냈던 아이들의 얼굴도 스쳐 지나갔다. 미안한 것투성이구나. 미안하다, 미안하다. 그때 구세주의 인자한 음성이 울려 퍼졌다.

"선생님! 거기서 뭐하세요?"

아! 우민이가 내 뒤에 서 있었다. 우민이. 언제봐도 듬직한 우민이가 하이에나들에게 둘러싸인 초식동물 한 마리를 애처롭게 바라보고 있었다. 순식간에 상황을 파악한 우민이가 가방을 내려놓더니 천천히 다가왔다.

"이거 무슨 일이래? 이놈들! 설마, 지금 우리 선생님한테…"

우민이의 눈빛이 서늘해졌다. 골목길 소년들이 손가락을 우드득거리며 우민이에게 다가왔다. 싸움은 아주 간단하게 끝났다. 그건 싸움도 아니었다. 맨 앞에서 다가오던 골목길 소년이 우민이의 손에 잡히더니 하늘로 날아오르다가 쌓여 있는 종량제 쓰레기봉투 더미 사이로 툭 떨어졌다. 두 번째 소년이 우민이에게 잡혀 바닥에 꽂히고는 바로 끝났다.

"우민이 형, 저예요. 제가 미처 못 봤어요, 형, 진짜 잘못했어요."

우민이에게 잡히기 직전의 마지막 소년이 무릎을 꿇은 채 울먹거렸다. 어디 보자. 이 듬직한 우민이는 키 187센티미터 몸무게 0.1톤 유도 4단 보유자였다. 잠시 후에 경찰이 왔고 우리는 모두 지구대로 연행되었다. 30분가량 조사를 마치고 밖으로 나온 우민이와 나는 서로의 얼굴을 마주 보고 웃었다.

며칠 후 수업 시간에 우민이는 나를 보고 혼자 킥킥거렸다. 우민이는 운동만 잘하는 학생이 아니었다. 공부도 잘하고 유머 감각도 풍부해서 여학생들에게 정말 인기가 많았다. 시험 보는 날, 나를 위로하는 몇 안 되는 학생이었다.

"선생님 걱정하지 마세요. 그래도 2등급은 유지하고 있잖아요. 힘내세요."

누가 선생이고 누가 제자인지 모르겠다. 자기 성적표를 보면서 심각하게 고민하고 있는 나를 보며 먼저 위로하는 학생.

"야, 이 점수로는 경희대는 꿈도 못 꿔. 시험 때 무슨 생각을 하는 거냐?"

"에헤이, 선생니임, 걱정하지 마세요. 기말고사에서는 반드시 1등급 받아요. 뭘 그렇게 걱정하세요? 제가 여기에 있는데…."

우민이는 경희대 호텔경영학과로 진로를 정해 놓았다. 중3 때부터 전공을 정해 놓고 아주 일관되게 로드맵을 짜 왔으나 문제는 점수가 나오지 않는 것이었다. 우민이 담당 선생님도 걱정, 나도 걱정인데, 정작 당사자는 천하태평이었다.

우민이는 경희대가 어려우면 경기대라도 가겠다는 생각으로 모든 포트폴리오를 호텔경영에 집중하면서, 교내 활동도 일관성 있게 지속적으로 갖추어 해 나갔다. 동아리, 독서활동, 학생부 세부특기사항까지 모든 것이 호텔경영학에 잘 맞춰져 있었다. 내가 늘 강조하는 전공적합성에 누구보다 충실한 학생이었으나… 문제는… 성적이었다. 우민이는 큰소리를 쳤으나 2학년 1학기 기말고사까지 끝내 2등급 중반에 머물러 있었다. 우민이는 자료를 찾아보는 내 어깨를 토닥였다.

"선생님, 또 또 걱정하시네요. 왜 걱정하십니까? 최우민이 여기에 있는데…."

"야, 인간아, 경희대는 호텔경영이 워낙 특화되어 있어서 이 등급으로는 진짜 어려워."

"에헤이, 진짜! 걱정하지 마시고 선생님은 기도나 하세요. 진짜로 왜 걱정하십니까? 기도할 수 있는데…."

아! 어무이, 왜 나를 낳으셨나요? 도대체 누가 선생이고 누가 학생인지 모를 이 상황 왜 만드셨나요. 제가 어린 제자의 위로를 받으며 살아야만 하는 건가요? 제가 진짜 기도나 해야 하는 것일까요?

우민이는 여름방학 특강을 들으면서 꾸벅꾸벅 졸았다. 평소에 그런 모습을 본 적이 없는 나는 여러 차례 주의를 주었다. 날이 갈수록 우민이는 매우 피곤해 보였다.

"야! 덩치! 너 진짜 왜 그래? 이제 3학년이 얼마 안 남았어. 집중 안할래?"

"에헤이, 뭘 걱정하십니까? 기도할 수 있는…."

나는 침을 닦으며 웃고 있는 우민이에게 분필을 집어 던졌다. 운동 신경이 빠른 우민이는 그 분필을 낚아채서 손가락 사이에 끼우더니 우드득 부러뜨리며 웃었다. 여학생들이 환호성을 질렀다. 어후, 저 자식. 나는 수업을 마치고 우민이 어머니에게 전화를 걸었다. 그런데 뜻밖으로 어머니는 웃으면서 이해해 달라고 부탁했다.

"우민이가 요즘 좋아하는 여자애가 생겼는데 살을 빼면 만나 주겠다고 한 모양이에요. 요즘 새벽마다 체육관에 가서 두 시간씩 운동을 하고 와요."

"예? 아니 지금 이 중요한 시기에 여자 친구요? 어머니, 지금 그럴 때가 아닌데요."

"뭐, 그렇게 크게 걱정하지 않아요. 자기 일은 워낙 스스로 알아서 하는 애라서…."

"어머님, 그래도 지금 워낙 중요한 시기라서요."

"에헤이, 선생님, 뭘 걱정하세요…."

나는 우민이 어머니가 어떤 말을 이어 가는지 하나도 귀에 들어오지 않았다. "뭘 걱정하세요? 기도할 수 있는데…."라고 말은 하지 않았지만 나는 그렇게 들렸다. 자식은 부모의 거울이고, 부모는 자식의 거울이다. 우민이의 여유는 역시 부모님에게서 물려받은 것이었다. 그래, 나는 간절하게 기도나 하자.

우민이는 여름방학 기간에 열심히 운동해서 살을 뺐다. 정말 피나는 노력 끝에 우민이의 몸무게는 무려… 98킬로그램이 되었다. 도대체 어떤 살을 뺐다는 것인지 도통 표시는 나지 않았으나 우민이는 매우 자랑스러워했다. 우민이가 유쾌하게 원장실을 나가는 뒷모습을 보며 나는 문득 새로운 입시 전략이 떠올랐다.

"우민아! 잠깐만! 너 혹시 연세대는 어떻게 생각하니?"

"연세대요? 왜요?"

"아니, 지금 문득 든 생각인데 네가 연세대에 갈 수 있겠다는 생각이 들어서…"

"연세대? 에이 그런 삼류대를 내가 왜 가요? 저는 무조건 경희대라니까요."

우민이는 싱긋 웃으며 나가 버렸다. 가만 있자. 연세대가 삼류대였나? 내가 혹시 발음이 새서 영세대라고 말했나? 나는 한동안 어이가 없어서 우민이가 나간 문 밖을 한참 바라보았다.

2학기 때도 우민이는 일관되게 2등급 중반의 내신 성적을 유지했다. 국어가 조금 오르면 수학이 떨어지고 수학이 조금 오르면 영어가 떨어지고 늘 그런 식이었다. 청춘 연애 사업은 잘 진행 중인 것 같았다. 내가 걱정하면 우민이는 여전히 기도할 수 있는데 뭘 걱정하냐고 위로했다.

2학년 2학기 기말고사가 끝나고 나는 특단의 조치를 내려야만 했다. 우민이의 내신이나 수능 모의고사 등급으로는 경희대 호텔경영학과에 도저히 갈 수 없었다. 호텔경영학에 맞춰서 진행해 온 모든 활동은 우수했으나 내신 등급이 받쳐 주지 않는 현실을 받아들여야만 했다. 나는 우민이가 삼류대라고 말하는 연세대에 대한 미련이 머릿속에서 떠나지를 않았다. 2학년 2학기까지 내신 평균등급 2.4이고, 모든 포트폴리오는 호텔경영학에 맞춰진 상황…. 그동안 주장했던 전공적합성의 기준을 나 스스로 깨뜨려야 할 상황에 직면하고 말았다. 여러 자료를 재검토한 후에 나는 우민이 어머니와 상담했다.

"3학년 1학기 때, 1등급으로 올린다고 해도 전체 합산 등급이 있어서… 경희대 호텔경영은 어려울 것 같습니다."

"원장님, 걱정하시는 마음은 아는데요. 저희는 경기대도 염두에 두고 있어요."

"어머니, 이 등급이면 해 볼 수는 있는데 경기대도 안심할 수 있는 상황이 아니라서…"

"경기대가 어려우면 다른 대학이 있지 않을까요? 저희는 뭐 우민이가 좋아하니까 호텔경영이면 어디든 좋아요. 너무 걱정하지 마세요."

아! 이럴 때 나는 도대체 무엇을 하는 사람인가 정체성에 혼란을 겪곤 한다. 대부분의 어머니들은 어떻게 해서라도 상위권 대학에 보내기 위해 노심초사하고, 선생이 전공이 중요하다고 강조하는 법인데… 이건 뭐가 바뀌어도 한참 바뀌었다. 나는 조심스럽게 내 생각을 말씀드렸다.

"저기 어머님, 혹시 연세대에 대해서 어떻게 생각하세요?"

나는 혹시 우민이 어머니도 그런 삼류대는 보내지 않겠다는 말이 나오면 어쩌나 싶어서 질끈 눈을 감았다.

"연세대라… 명문대니까 가면 좋을 수 있겠지요. 하지만 거기도 호텔경영이 있나요?"

"아니, 어머니… 그런 건 아닌데…"

"호텔경영이 없으면 우민이가 연세대에 가려고 할까요?"

아! 어무이, 왜 나를 낳으셨나요? 우민이 어머니는 아들이 연세대에 갈 수도 있다는 선생에게 호텔경영학과가 없는데 뭐 하러 거기를 가느냐는 의아한 눈빛으로 나를 바라보고 있었다.

"어머님, 그게 아니라 지금 우민이 내신 등급과 수능 모의고사 등급으로는 경희대 호텔경영은 어렵고… 그래서 우민이 유도 4단 특기를 살려서 연세대 체육교육이나 스포츠 관련 학과로…"

"예? 원장님 그게 무슨 말씀이에요? 저나 우민이는 원장님께서 고교 입학 전에 진로를 결정하고 일관되게 그걸 밀고 나가라는 말씀이 너무 좋았거든요. 그래서 우민이가 호텔경영을 전공해서 스위스에 가서 살고 싶다는 꿈을 이야기하기에 계속 그쪽으로만 밀고 왔어요."

"어머니, 호텔경영을 하지 않아도 스위스에서 살 수 있고요. 일단 대학에 가면…"

"저는 우민이가 즐겁고 행복하게 사는 것이 제일 좋아요. 우민이 아빠처럼 일만 하는 사람을 보면 너무 안타까워요. 그리고 체육이나 스포츠 관련 학과를 말씀하셨는데… 운동을 취미로 하면 행복하지만 전공으로 한다고 생각해 보세요. 얼마나 생고생을 하고… 고통스럽겠어요. 안 그런가요?"

우민이 어머니의 말씀은 단 한 부분도 틀리지 않았다. 입시 진로 선택의 정석을 잘 알고, 인생을 행복하게 살아갈 가장 바람직한 길을 이야기하고 있었다. 나는 우민이 어머니에게 더는 연세대를 거론하지 않았다. 그래, 걱정하지 말자. 간절하게 기도나 하자. 나는 진심으로 우민이와 어머니의 생각을 존중하고 응원하기로 했다. 내가 가장 강조하는 입시의 정도가 바로 그런 일관성이 아니었던가. 기도할 수 있는데, 뭘 걱정하나.

그런데 입시는 알 수 없듯이 사람의 마음도 그렇다. 3학년 1학기 개학을 일주일쯤 앞둔 2월 말이었다. 우민이가 해맑은 모습으로 원장실 문을 열었다.

"헤헤, 원장님! 안녕하세요?"

"어이! 스위스 소년, 어서 와. 밥 먹었어?"

"예, 저기 한 가지 여쭤볼 것이 있어서요."

"왜 나보고 기도하냐고 물어보려고?"

"예, 그건 뭐 당연한 거고… 오늘 아침에 운동하다가 문득 생각해 보니… 연세대에 가는 것도 괜찮겠다 싶더라고요."

나는 멈칫하고 우민이를 바라보았다. 이 기도 소년, 스위스 소년이 또 무슨 말을 하려는 건가 호기심이 생겼다.

"연세대라… 가만 있자 그런 대학이 우리나라에 있었나? 아하, 저기 서울 신촌 변두리 어디에 연세 뭐 그런 대학이 있다는 말을 들어본 것 같기도 하고…. 그런 삼류대에 갑자기 왜 관심을 갖고 그래?"

"아니, 저도 뭐… 그런 이름도 없는 대학은 별 관심이 없는데… 원서를 여섯 개나 쓰면 그냥 심심풀이로… 삼류대도 하나 써 볼까 그런 생각이 들어서요."

"에헤이, 왜 그래? 그 삼류대학에는 호텔경영도 없고 관심 가질 만한 학과도 없어. 거기 지금 교문은 열려 있는지 모르겠다."

결국 우리의 선문답 같은 상담이 끝났다. 그렇게 해서 우민이가 말하는 삼류대, 우민이 어머니가 말하는 생고생의 고통스런 학과, 스포츠응용산업학과에 관심을 가지고 다시 준비하게 되었다. 워낙에 운동을 좋아하고 새벽마다 체육관에 가서 유도를 하고 있던 우민이였던지라 새롭게 변화를 줄 것도 없었다. 다만 연세대 스포츠응용산업학과 입시에서 요구하는 선택실기시험에 맞춰서 유도를 더 연습하면 됐다. 그리고 학교 대표로 대회에도 출전해 보기로 했다. 방향을 바꾼 전공적합성을 조금 더 보완하고 연세대 스포츠응용산업학과에 맞게 계획을 세워 추진해 나갔다.

나는 걱정하지 않았다. 간절하게 기도만 했다. 별로 도와줄 일도 없었다. 우민이의 모의고사 오답 성향을 분석하고 같은 문제를 틀리지 않게 반복 훈련만 시켰다. 걱정하지 않고 기도한 결과, 우민이는 5월에 전국대회에서 3등을 하고, 9월 원서 쓰기 직전에 2등을 했다. 그 와중에도 공부를 게을리하지 않아서 3학년 1학기 내신 등급을 2.3까지 올릴 수 있었다. 나는 별로 해 준 것도 없고 간절히 기도만 했는데 우민이는 연세대 스포츠응용산업학과에 합격했다.

예체능 특기생은 2 + 4 전략

일관성과 지속성은 입시에서 가장 중요한 덕목이다. 항상 강조하는 말이지만 고교 입학 전에 직업과 전공에 대한 심층적인 탐색을 하고 체계적인 준비를 하는 것은 반드시 필요하다.

우민이는 중3 때부터 일관성을 가지고 호텔경영학을 준비해 왔다. 고등학교 입학과 동시에 호텔경영 동아리 활동을 했고, 봉사활동도 컨벤션 관련 행사에 참여하는 등 매우 적극적으로 펼쳐 나갔다. 교과목 세부특기사항도 호텔경영에 집중했고, 독서활동도 모두 이 방향에 맞춰서 체계적으로 준비했다. 전공적합성 공부의 모범 사례 중에 으뜸이었다.

그런데 우민이에게 연세대 스포츠응용산업학과에 관심을 갖도록 먼저 제안을 한 것은 나였다. 본문에서도 밝혔지만 나 스스로가 원칙을 깬 경우였다. 유도 4단의 실력을 갖추고 새벽마다 등교하기 전에 체육관에 들러서 운동을 하고 가야 몸이 개운하다는 학생에게는 '+α'의 보완 전략도 필요하다고 생각했다.

물론 공부가 부족해서 편법이나 도피처로 체육특기생이 되기로 결정하는 것은 바람직하지 못하다. 체육특기생들이 준비해야 하는 기초 체력과 기본운동능력 다지기는 보통 어렵고 힘든 일이 아니다. 운동만 열심히 한다고 해서 원하는 대학에 간다고 장담할 수도 없다. 기본 학업에 충실하면서 내신 관리가 병행이 되어야 원하는 대학에 입학하는 길이 열린다.

수시 6개의 원서를 쓸 때, 자신을 예체능 특기생으로만 생각하면 선택의 폭도 좁아지고 공부에도 소홀해진다. 일반적으로 2+4 전략을 추천하는 이유는 어떤 순간이라도 공부에 대한 긴장감을 늦추지 말라는 의미에서다. 2는 공부 실력에 맞춰서, 4는 특기생이나 기본운동능력을 기준으로 수시 원서를 쓰는 전략을 세워야 한다.

체육뿐만 아니라 미술이나 음악 특기생에게도 2+4 전략을 추천한다. 상위권 대학으로 갈수록 내신과 수능 최저를 요구한다. 6장의 원서를 모두 미술 전공으로만 쓰겠다는 전략을 세우면 실기에만 집중하고 공부는 어쩔 수 없이 소홀히 하게 된다. 오죽하면 홍익대 미대에서 미술만 잘하는 학생들을 뽑지 않기 위해 입시의 홍역을 치르면서까지 공부를 중시하는지 살펴볼 필요가 있다.

미대가 독보적인 홍익대에서 실기 중심 선발 방식을 내신과 수능을 중시하는 교과 중심 선발 방식으로 바꿨다. 그래서 고등학생 때 실기도 중요하지만 제일 먼저 교과 중심의 공부가 병행되어야 한다는 원칙이 세워졌다. 6개 모두 예체능 실기에만 맞춰서 원서를 쓰겠다는 것은 현명하지 못한 생각이다. 부족하더라도 2개는 공부한 실력에 맞춰 쓰겠다는 긴장감이 있어야 대학의 선택 폭도 넓어지고 집중해서 실기 준비도 할 수 있다.

무카이 오사무를 만날 수 있다면

수포자에게 희망을, EJU(일본유학시험)를 풀어라

무카이 오사무의 광팬 희윤이는 일본어에 미친 아이였다. 일본어에 능통해서 일본에 건너가 무카이 오사무를 만나는 것이 꿈이었다. 나에게 처음 상담하러 온 날, 희윤이는 감탄하며 원장실로 들어섰다.

"와아, 원장님! 진짜 무카이 오사무를 닮으셨네요. 엄마, 내 말이 맞죠?"

희윤이는 의자에 앉지도 않은 채 나를 바라보며 호들갑을 떨었다. 희윤이 어머니는 어쩔 줄 몰라 하며 손을 내저었다.

"빨리 앉아!"

하지만 희윤이는 휴대전화를 들이대며 좋알거렸다.

"저기 원장님, 죄송한데 사진 한 장 찍어도 되죠? 어머어머! 진짜 무카이 오사무를 닮았어. 어쩜 진짜 이럴 수가!"

"조용히 안 해. 빨리 자리에나 앉아. 에고, 원장님 죄송합니다. 애가
철이 없어서…"

어머니는 당황해하며 희윤이의 손을 잡고 끌어와 자리에 앉혔다.
나 역시 당황스러웠다. 무카이 오사무? 나는 처음 듣는 이름이었고
관심도 없는데 희윤이는 계속해서 내가 무카이 오사무를 닮았다고
흥분을 가라앉히지 못했다.

이 자리를 빌려 분명하게 이야기한다. 추후에 내가 무카이 오사무
를 검색해 본 결과… 그는 매우 잘생긴 일본 배우이고, 키도 훤칠했
으며, 목소리도 아주 매력적이었다. 양심을 걸고 고백하는데 나는
그 배우와 전혀 닮지 않았다. 혹시라도 무카이 오사무라는 배우의
팬이 이 글을 읽고 있다면 이 자리를 빌려 진심으로 사과를 드린다.
희윤이는 조금이라도 마음에 드는 사람을 만나면 무카이 오사무를
들이대는… 그저 순진하고 맹랑하고 귀여운 일본어 오타쿠라고 보
면 된다.

희윤이는 참으로 유쾌한 아이였다. 등산 배낭처럼 큰 가방을 메고
다녔는데, 안에 일본 만화책이 가득 들어 있었다. 키도 작은 아이가 너
무 큰 가방을 메고 다녀서, 뒤에서 보면 다리가 달린 가방이 저 혼자
움직이는 것처럼 보였다. 나는 희윤이를 통해서 무카이 오사무를 검색
해 보고, 일본 만화를 강제로 읽은 후에 감상평을 이야기해야만 했다.

"희윤아! 고전시가 필수 어휘 다 외워 왔어?"

"선생님! 《3일간의 행복》 다 읽으셨어요?"

"삼기다'가 무슨 뜻이야?"

"쿠스노키와 히메이의 감정선은 어떻게 봐야 할까요?"

"'이 몸 삼기실제 님조차 삼기시니' 해석해 봐."

"미야키가 쿠스노키에게 한 행동 중에서 제일 안타까웠던 게 뭐라고 생각하세요?"

우리의 대화 장면을 처음 본 학생들은 둘 다 정상이 아니라고 생각했을 것이다. 나는 정상적인 수업 진행을 위해 《3일간의 행복》을 읽어야만 했고, 주인공 쿠스노키의 상황에 강제로 몰입당해 슬픈 표정을 지어야만 했다. 그리고 《4월은 너의 거짓말》을 읽고서 '봄을 알리는 러브스토리 마지막 벚꽃 엔딩'에 억지 감동을 받아야 했다. 희윤이와 눈높이를 맞추려면 어쩔 수 없었다.

아! 어무이, 왜 나를 낳으셨나요? 제가 왜 3일간의 행복도 제대로 알지 못하고, 4월이 되어서 너에게 거짓말을 해야만 했을까요? 가만히 생각해 보면 희윤이가 나를 보고 무카이 오사무를 닮았다는 말에 넘어간 것은 아닐까 뼈저리게 반성을 해 보았다. 희윤이는 끊임없이 나에게 만화책을 가져다주었다. 나는 희윤이가 감동한 만화에 공감하지 못하면 수업 시간 내내 희윤이의 잔소리를 들어야만 했다.

중학생 때 한 학년이 400명 넘는 학교에서 전교 3등까지 했던 희윤이는 고교 입학 후 국어와 한자만 정말 열심히 공부했다. 그 외 시간에는 거의 일본어에 빠져 지냈다. 수업 시간에 조금 엉뚱한 소리를 하기는 해도 워낙 성격이 밝고 친구들과 잘 지내서 큰 걱정을 하지 않았는데, 1학년 2학기 기말고사가 끝나고 희윤이 어머니가 어두운 낯빛으로 나를 찾아오셨다. 희윤이의 성적표를 보니 매우 심각했다.

"선생님, 이렇게 해서 대학에 갈 수 있을까요? 지금도 저렇게 일본 만화에만 빠져 살고 있으니… 어휴우!"

희윤이 어머니의 한숨 소리를 들으며 나도 어떻게 이야기를 해야 할지 몰라서 참 난감했다. 다른 상담 일정까지 조절하면서 많은 이야기를 나누었지만 별다른 해결책이 나오지 않았다.

"어머님, 그렇게 만화를 좋아하면 지금이라도 웹툰을 시켜 보면 어떨까요?"

"에휴우, 저도 그 생각을 해 봤는데 그것도 어느 정도 재능이 있어야죠. 저 애가 그린 만화라는 것 좀 보시겠어요?"

희윤이 어머니는 공책 하나를 꺼내서 내 앞에 펼쳐 놓았다. 콩나물 대가리에 가지치기만 죽죽 그은 듯한 ♀♋♌ 이런 그림이 전부였고 사람의 표정도 ☺☺☹이 정도뿐이었다. 원시동굴 벽화 수준에서 크게 벗어나지 않은 솜씨이니 웹툰 작가는 꿈도 못 꾼다.

"그냥 좋아만 하는 거지 그걸 전공으로 할 실력도 아니고, 애가 차분하지 못해서 오래 앉아 그림을 그릴 인내심도 없어요."

어머니의 한숨 소리는 깊어만 갔다. 이런저런 방법을 고민해 보다가 나는 일본 유학을 제안했다. 어머니는 심각한 표정으로 고개를 저었다.

"저희도 그 생각을 안 해 본 건 아닌데… 딸내미를 혼자 외국 유학

보낸다는 게… 그리고 저희 형편이 그렇게 넉넉한 것도 아니고…."

"재작년에 일본 유학을 간 학생이 있는데 생각보다 학비나 생활비가 그렇게 비싸지 않은가 보던데요. 일본이 지금 심각한 인구 감소 추세라서 외국 유학생에 대한 장학금 지원도 많고…."

"글쎄요. 아무리 그래도 일본 유학은 좀… 희윤이 증조할아버지가 독립유공자셔서…."

독립유공자? 나는 더 할 말이 없었다. 아! 희윤이 할아버지는 왜 독립운동을 하셨을까? 독립유공자의 후손은 왜 일본 만화를 좋아하고 무카이 오사무에게 빠졌을까? 증조할아버지가 나카무라 순사에게 고문을 당했을지도 모르는데 희윤이는 왜 하필이면 일본어와 사랑에 빠졌을까? 독립유공자의 후손이라고 해서 일본 유학을 가지 말라는 법은 없을 텐데…. 여기까지 대화한 나는 어린 딸을 타국으로 보내고 싶지 않다는 희윤이 어머니의 강한 의지를 읽고 권유를 멈췄다. 희윤이 어머니는 힘없이 돌아갔다. 내가 아무 도움도 되지 못한 것 같아서 그저 죄송했다. 그런데 며칠 후에 희윤이가 환호성을 지르며 나에게 왔다.

"와우! 무카이 오사무 원장님! 우리 엄마한테 저 일본 유학을 보내라고 하셨다면서요. 고마워요. 무카이 오사무님."

희윤이는 아리가토 고자이마스를 반복하며 허리를 굽혔다. 나와 상담을 하고 가신 희윤이 어머니는 나에게서 어떤 비책이 없을까를 기대하셨던 모양이었다. 그런데 별다른 수가 없다고 생각하셨는지 가족들이 모여 희윤이 일본 유학에 대해 의논했다. 이야기 끝에 희윤이 아버지가 한숨을 쉬며 이렇게 말했다고 한다.

"우리 국장님 따님도 이 원장님 덕분에 한양대에 갔다고 엄청 좋아하시더라고. 그런 분한테서 국내 대학은 어렵다는 얘기를 들었으니…. 에휴! 그럼 뭐, 일본 유학을 생각해 보자고."

이래서 상담을 하기가 어렵다. 누군가의 운명을 좌우할 수 있는 입시 상담을 할 때는 정말 말 한마디도 쉽게 할 수 없다. 나는 국내 대학은 안 된다고 말한 적이 없는데 희윤이의 진로는 이미 결정되어 있었다.

다행인지 불행인지 희윤이는 EJU를 준비하면서 완전히 손을 놓았던 수학도 다시 공부하기 시작했다. 일주일에 두 번씩 만나던 희윤이를 한 번만 보게 된 것이 약간 아쉬웠지만, 정말 열심히 공부하는 모습을 보면 너무나 기특했다.

희윤이는 도쿄외국어대학교에 합격했다. 그리고 무카이 오사무를 만날 수 있다는 희망을 안고 일본 유학을 떠났다.

그다음 해, 여름방학에 희윤이가 나를 찾아왔다. 약간 지친 모습이었고, 천방지축 말괄량이의 기운도 사라진 채였다. 잠시 몇 마디를 나누던 희윤이가 눈물을 흘렸다.

"희윤아, 왜 그래? 무슨 일이 있었어?"

"아뇨. 그냥 선생님을 오랜만에 만나서 반갑기도 하고… 옛날 생각도 나고…."

"일본 유학은 할 만해? 아무래도 낯선 유학 생활이 힘들지?"

"그렇죠 뭐, 그런데 사실은 제가…."

희윤이는 조심스럽게 일본 유학 생활에 대해 이야기했다. 일본어도 비교적 능숙하고 일본 문화도 잘 알고 있어서 적응하기는 크게 어렵지 않았다고 했다. 그런데 엄마 아빠를 비롯해서 이런저런 집 생각과 친구들이 너무 보고 싶어서 심한 향수병에 걸린 모양이었다.

"그리고 무엇보다… 무카이 오사무를 직접 봤는데… 사진이나 영화로 봤던 것보다 너무 늙고 못생겼어요. 선생님이 훨씬 나아요."

아! 어무이, 왜 저를 낳으셨나요? 앞서 말했지만 이 자리를 빌려 분명히 다시 짚고 넘어간다. 무카이 오사무… 그는 매우 잘생긴 일본 배우다. 키도 훤칠하고 목소리도 아주 매력적인. 또다시 내 양심을 걸고 고백한다. 나는 그와 전혀 닮지 않았다. 무카이 오사무 팬들에게 진심으로 사과드린다.

희윤이는 수능을 다시 보고 어디든 국내 대학에 가고 싶다고 말했다. 나는 맨 먼저 희윤이의 수학 실력을 물어보았다.

"국어는 네가 워낙 좋아했으니 하면 되고, 영어도 기본이 되어 있는데… 수학은 어떻게 할 생각이야?"

"솔직히 저 고등학교 올라와서 일본 만화에 빠지면서 수학은 완전히 포기했었는데, EJU를 준비하면서 수학을 다시 보게 됐어요. 기본 개념서만 다섯 번 공부했는데 이제 고1 수준 수능 문제는 거의 다

맞출 수 있고, 고2 수능수학도 2등급 정도는 나와요."

"언제?"

"일본 가서요."

"일본 유학 가서 수능수학 공부를 했다고?"

"네, 엄마 아빠 보고 싶을 때 수학 공부하면 문제에만 집중할 수 있어서 좀 낫더라고요."

입시는 진짜 모른다. 일본 만화에 빠져서 일본 유학까지 갔던 학생이 향수를 달래기 위해 수학 공부를 하고 수능수학에 자신감을 가졌다? 진짜 마지막까지 입시는 모르는구나.

희윤이는 일본으로 돌아가지 않고 독학 재수를 시작했다. 학생들이 없는 시간에 틈틈이 학원 청소 아르바이트를 하는 조건으로 새로 바뀐 수능국어 유형을 설명해 주니 비교적 잘 따라왔다. 9월 모의평가에서 국어 1등급, 수학 3등급, 영어 2등급, 사회문화 2등급, 동아시아사 2등급, 그리고 당연히 일본어는 1등급을 받았다. 수학이 여전히 문제였으나 조금만 더 하면 좋은 결과가 있지 않을까 기대할 수 있었다.

희윤이 어머니와 다시 상담을 해서 수학은 킬러 유형 문제를 빼고 전체적으로 다시 훑어 볼 수 있도록 위층에 있는 수학 원장님의 파이널 특강을 듣게 했다. 희윤이는 수능 3일 전까지 수학 원장님의 배려로 개인교습을 받았다. 그리고 마침내 수능 성적표가 나왔다.

국어 1등급 만점이었다. 영어 2등급, 사회문화 1등급, 동아시아사 1등급, 그리고 물어보나 마나… 일본어 1등급 만점. 그런데 국어학원 원장인 나는 희윤이의 국어 1등급에 눈길이 가지 않았다. 수학 등급을 확인하는 순간! 한국의 짝퉁 늙은 무카이 오사무와 일본 만화 오타쿠는 손을 꼭 잡고 울었다. 수학… 1등급이었다.

입시는 진짜 모른다. 하지만 그저 운만 믿어서는 안 된다. 희윤이에게 EJU는 분명 새로운 돌파구였고, 역전할 수 있는 기회를 안겨 주었다.

희윤이는 서울교대에 합격했다. 지금은 초등학교 교사가 되어 즐겁게 생활하고 있다. 여전히 일본 만화 광팬이지만 무카이 오사무는 그다지 좋아하지 않는다.

뽕샘의 공부법 콕콕!

수포자에게 희망을, EJU(일본유학시험)를 풀어라

일본 대학 진학을 목표로 하고 있다면 주로 EJU를 보게 된다. EJU는 일본어(독해, 청독해, 청해, 기술)와 종합과목(사회), 수학 실력을 평가한다. 이과생은 물리, 화학, 생물 중에서 두 과목을 시험 본다.

수학 때문에 부담을 갖곤 하는데, 문과 학생이 치르는 수학 코스 1은 우리나라 수능에 비해서 매우 쉬운 편이다. 수학 문제에 포함된 한자를 읽을 수 있으면 출제 의도 파악을 쉽게 할 수 있다. 대개 수학의 기본 개념을 묻는 문제들이어서 평이한 수준이다. 수학시험을 위해 한자를 따로 준비할 필요는 없고, 일본어시험을 공부했다면, 그 수준만 가지고도 준비할 수 있다.

시험은 매년 2회 시행한다. 1회는 6월, 2회는 11월에 치른다. 나는 일본어를 좋아하는 학생들에게 가끔 이런 시험이 있다고 안내하는데, 공부에 흥미를 느끼지 못하던 수험생들, 특히 수학을 포기했던 학생들이 EJU 준비를 통해 수학에 자신감을 갖게 되고 수능에 도전해서 좋은 결과를 얻는 경우가 종종 있기 때문이다. 중학생 때는 어느 정도 수학을 잘했는데, 고등학생이 되자 학교 내신이나 수능수학이 두려운 수험생들은, 한번쯤 EJU 수학 문제를 풀어 보고 자신감을 회복했으면 좋겠다. 시중에 EJU 관련 교재가 많이 나와 있어서 학교 내신이나 수능에 짓눌린 학생들은 분위기 전환을 위해서라도 한번 풀어 볼 만하다.

종합과목인 사회에서는 우리나라 사회 과목에서 윤리와사상이나 생활윤리를 제외하고, 정치·경제·지리·세계사 관련 문제가 나온다. 지리와 세계사는 당연히 일본 지리와 일본 역사에 좀 더 관심을 가지고 준비하면 된다.

심리학도가 사관학교를 만났을 때

전공적합성 응용법

해리의 아버지는 말단 경찰이었다. 30년 가까이 경찰로 살았으나, 이제 막 경찰대학을 졸업한 젊은 경찰보다 직급이 낮았다. 승진할 수 있는 제도가 있었지만, 폭력 사건에 휘말리는 바람에 오히려 계급이 강등되는 수모를 겪기도 했다.

해리의 사촌오빠가 경찰간부후보생 교육을 마치고 경위로 임관한 날, 해리 아버지는 음주운전 단속이 문제가 되어 해안검문소로 인사 조치되었다. 그 연세에 검문소로 발령 조치된 것은 사직서를 쓰라는 말과 같은 의미로 받아들여진다고들 했다. 해리 아버지는 술만 마시면 해리에게 부탁했다.

"우리 딸 꼭 경찰대에 가라. 경위가 되고 경감, 총경, 경무관이 되어서 이 아빠의 한을 풀어다오."

해리는 초등학생 때부터 그 소리를 듣고 자라서인지 자연스럽게 경찰대 입학이라는 목표를 세웠다.

그런데 고등학생이 되면서 해리의 생각이 완전히 달라졌다. 항상 우울증에 시달려 술을 마시는 말단 경찰 아버지를 관찰하면서 상담심리학에 관심을 갖게 되었다. 그때부터 해리의 꿈은 명확해졌다.

"선생님, 저는 상담심리사가 되어서 아빠 같은 사람들을 도와주고 싶어요."

고1 해리의 진로 희망은 '경찰, 군인'으로 기재되어 있었지만, 관심은 온통 심리학에 쏠려 있었다.

고3이 되자 해리 어머니의 걱정은 이만저만이 아니었다. 백만 명의 아이 뒤에는 백만 가지의 걱정이 있듯이 해리 어머니는 깊은 한숨을 쉬며 걱정했다.

"에휴우, 진짜 답답해 죽겠어요. 방학만 되면 방구석에 박혀서 이상한 책만 읽고 있으니 성적이 나오겠어요?"

해리 어머니가 걱정하는 이상한 책은 대부분 융이나 프로이트와 관련한 심리학서나 미술치료, 독서치료 같은 상담치유 책이었다. 나는 칼 융이 주역에 심취하여 인간의 심리유형을 분석했다는 말도 해리를 통해서 처음 알게 되었다. 6월 교육과정평가원 모의고사가 끝나고 해리 어머니가 다시 찾아왔다.

"아이고, 선생님. 해리 점수가 형편없네요. 1등급이 하나도 없어요. 해리 아빠는 아주 난리가 났는데 어쩌지요? 경찰대 아니면 대학 안 보낸다고… 오빠 가르치기도 힘들다면서 일찌감치 미용 기술 배워서 취업하라고 하는데…."

또, 또, 또, 미용 기술…. 앞서 말한 바 있지만 대한민국의 수많은 아버지는 딸이 자신의 기대에 미치지 못한다고 생각하면 미용 기술을 들먹이곤 한다. '헤어 디자이너'라는 자부심이 있는 그분들이 얼마나 고뇌, 인고의 시간을 이겨 내고 피를 깎는 노력을 했을지 생각하지 않고 내뱉는 말이다. 해리 어머니는 매우 심각한 표정으로 나를 바라보았다.

"해리가 이제 와서 경찰대는 가고 싶지 않다고 저러는데… 학생부도 온통 그쪽으로 써 놓고. 어쩌면 좋을까요?"

이럴 때 정말 난감하다. 고교 입학 전부터 진로를 확실히 해 놓고 그 방향대로 모든 활동의 초점을 맞춰 놓고는 막상 고3 여름방학 때 다른 전공을 선택하겠다는 학생들이 있다. 전공적합성의 취지에 맞지 않는 학생들을 대하면서 나는 어찌해야 하나 머리를 싸매야 했다.

나는 여기서 계획을 틀 수 없다고 생각해서 해리 어머니에게 제안했다.

"어머님, 해리는 실전에 강한 편이에요. 아예 사관학교 원서까지 내 보면 어떨까요?"

"지금 경찰대도 안 가겠다는 애를 어떻게 사관학교 원서를 쓰게 해요?"

"경찰대나 사관학교에 가기 위한 시험이 아니라, 지금까지는 모의고사만 봤지만 진짜 시험을 미리 봐 보는 거라고 설득해 봐야지요."

"해리가 말을 들을까요?"

"실전 시험이잖아요. 어머니가 더 잘 아시다시피 해리는 승부욕이 강해서 경찰대든 사관학교든 승산이 있고 붙으면 네 마음대로 하라고 해야죠."

"그러다가 1차 합격하고 나서 해리가 따지고 들면…."

해리 어머니는 걱정스런 표정으로 나를 바라보았다. 나는 모의고사가 아닌 실전 시험이라는 이유 하나만으로 경찰대뿐만 아니라 사관학교까지 원서를 써 보자고 권유했다. 지금까지 준비한 해리의 전공적합성 공부가 너무 아까워서 제안을 한 것이었다. 시험을 한번 봐 보는 것은 해리에게도 좋은 경험이라는 생각도 있었다.

그렇게 상담을 마치고 나는 해리의 결정을 듣는 날까지 조마조마했다. 돌이켜 보니 경찰대는 아버지의 꿈일 뿐이었고, 사관학교는 전혀 생각하지도 않았던 해리가 과연 어머니의 제안을 받아들일까? 어머니가 어떻게 설득했는지 해리는 경찰대와 사관학교에 모두 원서를 냈다. 그리고 결과는… 공군사관학교 1차 시험 합격! 해리는 군인이 될 마음이 없었기에 시큰둥했고, 어머니는 기대하던 경찰대가 아니라서 그런지 별다른 감흥이 없어 보였다.

그런데 뜻밖의 변수가 일어났다. 해리는 아주 상기된 얼굴로 같은 반 여학생의 만행을 고자질했다.

"이휴, 신싸 나쁜…. 아니 글쎄, 걔가 공사에 가지도 않을 거면서 왜 시험을 봐 가지고 자기 같은 애들 기회를 뺏느냐며 난리를 떠는데 진짜 재수 없어요. 지가 뭔데 나보고 공사 2차 시험에 가지 말라고 협박을 해요? 내가 아주 완전히 초전에 박살을 내 버려야지…"

초전에 박살… 초전박살. 이건 어떤 특정 직업군에 있는 사람들이 자주 하는 말이 아닌가. 해리에게서 문득 강한 군인의 기운이 느껴졌다.

해리의 수다는 한 시간 넘게 계속되었다. 해리는 결국 담당 선생의 손에 잡혀 원장실에서 끌려 나가면서도 '재수 없는 애'에 대한 성토를 이어 나갔다. 이후, 해리는 수업 시간마다 팔굽혀펴기를 몇 번 했다고 자랑했다. 그런 말을 하는 학생이나 그런 말을 듣는 선생이나 영혼 없는 대답만 오갔다. 해리가 사관학교 체력검정시험을 준비하는 이유는 합격이 목표가 아니라, 오직 그 '재수 없는 애'의 코를 눌러 주기 위한 오기일 뿐이었으니까. 해리는 2차 시험을 보자마자 나에게 전화를 걸어왔다.

"혜혜혜, 선생님. 저 오늘 팔굽혀펴기 몇 번 했는지 아세요? 무려 열아홉 번이나 했어요. 윗몸일으키기도 마흔여섯 번을…"

합격에는 아무 관심 없는 해리의 수다는 또 그렇게 계속 이어졌다.

나의 예상이 맞았다. 해리는 승부욕과 실전에 강했다. 경찰대와 사관학교 1차 시험을 준비하면서, 입시가 현실이 된 해리는 공부에 초집중하는 모습을 보여 주었다. 그리고 사관학교 체력검정을 대비하면서 자신도 놀랄 정도로 체력이 향상되었다.

해리는 공군사관학교 면접시험에서 심리학에 관한 수다를 떨었다고 했다. 공사에 진학한 후에도 심리학을 계속 공부해서 전투력 향상에 기여하고 싶다고 말했다는 것이다. 해리, 얘 도대체 뭔가. 전공 적합성의 방향에 가장 확실하게 근접했다가 가장 멀리 떨어져 있다가 이제는 심리학을 유효적절하게 이용하는 노련함까지 보여 주다니…. 해리가 공군사관학교 시험을 치르는 기간 동안 나는 계속해서 롤러코스터를 타는 기분이었다. 그러자 기적은 또다시 일어났다. 2차 시험도 합격이었다. 그런데도 해리는 사관학교에 갈 마음이 없다고 말했다. 경찰대라면 아버지의 뜻을 따라서 갈 수도 있지만, 사관학교는 싫다고. 어차피 최종 발표는 수능 직후에 나니까 머릿속에서 지우고 놀랍도록 향상된 체력을 바탕으로 꾸준히 운동하고 열심히 공부하겠다고 했다.

건강한 체력을 바탕으로 해리는 수능시험을 매우 잘 보았다.

"어? 이게 어디 전화지? 선생님, 저 잠깐 받을게요."

논술 첨삭 지도 시간에 해리는 내 눈치를 살피며 전화를 받았다. 그리고 눈을 동그랗게 뜬 채 나를 바라보았다.

"선생님, 저 사관학교 합격했다네요."

"어? 그래? 그런데 너 거기 안 갈 거잖아?"

"저기 그런데… 수석 합격이라네요."

공군사관학교 수석 합격. 이건 단순하게 받아들일 문제가 아니었다. 나는 들고 있던 해리의 논술 답안지를 조용히 내려놓았다.

"해리야, 내가 보기에 너의 운명은 정해져 있었어. 수석 합격이면…

가라."

"그래도 될까요?"

해리의 눈동자는 더 커졌다. 나는 조용히 고개를 끄덕였다.

해리는 사관학교를 졸업하고 지금은 공군소령으로 복무 중이다.

사관학교에 간 해리를 만났다. 해리는 입학 후에도 심리학을 매우 심층적으로 공부했다고 이야기했다. 장교가 된 후에도 심리학과 연계한 사병 교육 프로그램에 참여했다고. 특수심리전은 왜 그렇게 재밌나 모르겠다며 너스레를 떨었다.

"그러면 네가 특수심리전 이런 걸 개발하고 막 그러는 거야?"

나는 신기해하며 해리에게 물어보았다. 해리는 아주 도도한 표정으로 대답했다.

"선생님, 민간인에게 제가 말해 줄 수 있는 선이 제한돼 있다는 거 아시잖습니까? 그건 군사비밀입니다. 더 알려고 하지 마세요. 선생님 다치실 수 있습니다."

나는 공군장교 정복을 입은 해리를 쥐어박았다. 우리는 그렇게 깔깔거리며 한참 웃었다.

공군사관학교에 수석 합격한 해리처럼 의도적으로라도 좋아하는 무엇인가를 만들기 바란다. 나는 그것을 '막연한 사랑'이라고 한다. 일단 무엇인가 좋아하는 한 가지를 만들어 놓으면 그것을 바탕으로 변화해 나가는 길이 열린다.

실제로 진로를 탐색하다 보면 전혀 다른 길이 나오기도 한다. 막연한 사랑으로 시작했지만 진짜 인연을 만날 수 있는 것이다. 심리학과 공군사관학교는 아무 관계가 없어 보이지만, 발상을 전환하면 군대처럼 심리학이 유용하게 적용되는 곳도 흔치 않을 것이다.

해리가 공군사관학교 사전 군사 훈련 입교를 한 어느 날, 머리가 새하얀 분이 나를 찾아오셨다. 해리의 아버지였다.

"선생님, 이 모든 게 선생님 덕분입니다. 우리 해리가 사관학교 합격이라니…. 제가 모시고 있는 경찰서장님도 우리 딸이 공군사관학교 수석 합격이라는 말을 듣더니 직접 저를 불러 격려해 주시고, 우리 딸이 사관생도가 되고 공군장교가 된다고 생각하니 저의 인생을 보상받는 기분이 들어 너무 가슴이 벅차서…."

해리 아버지는 말을 잇지 못하고 눈물을 글썽거렸다.

나는 그 순간 내 아버지를 보았다. 학교 문턱에도 가보지 못한 아버지. 출생신고를 할 때 자식 이름만큼은 직접 당신 손으로 쓰고 싶어서 한글을 배우셨다는 아버지. 막내아들이 쓴 소설이 신문에 난 것을 보고 언제나 품속에 넣고 다니셨던 아버지….

나는 그저 해리에게 "일단 시험이나 봐 보자."라고 권유한 것밖에 없는데 이렇게까지 그 아버지가 감사해하니 송구할 따름이었다. 입 밖으로 표현하지 못했지만, 나의 마음은 되뇌고 있었다.

'내 아버지와 같은 당신을 웃게 할 수 있어서 정말로 행복합니다.'

내 손을 꼭 잡고 울먹거리던 30년 말단 경찰, 머리가 새하얀 늙은 아버지의 온기는 아주 오랫동안 따뜻하게 남아 있다.

뿡샘의 공부법 콕콕!

전공적합성 응용법

해리의 사례에서 볼 때, 전공적합성의 가장 순수한 취지는 심리학을 설정하고 심리학과에 가는 것이다. 공군사관학교를 목표로 해서 공군사관학교에 갔다면 이 또한 전공적합성의 취지를 가장 잘 살렸다고 본다. 그런데 전공적합성의 참의미를 살펴보면 '지속적이고 체계적인 진로 탐색'이다. 그러므로 심리학을 활용해서 공군사관학교에 입학한 것도 전공적합성의 취지에 부합한다.

공군사관학교의 교육 목표에 나오는 '부하를 교육하고 도전적 임무를 완수하도록 이끌며 극한의 상황에서도 리더십을 발휘한다.'는 조직심리학과 연관되어 있다. '인간존엄에 대한 존중, 인간사회의 다양성과 문화적 차이를 이해하고 적응하며 적절한 상호작용을 한다.'는 문화 및 사회문제 심리학이다. '명확하고 논리적인 의사소통과 효과적인 상호작용으로 팀워

크를 발휘한다. 비판적 사고와 합리적인 의사결정을 하며 창의적인 문제 해결 능력을 발휘한다.'는 사회 및 성격심리학이다.

해리는 심리학이라는 좌표를 설정해 두고 몰입해서 그 방향으로 향하다 보니 군인의 길에도 적용할 수 있었다.

전공적합성의 가장 중요한 취지는 공부를 해야 하는 확실한 이유가 있어야 한다는 것이다. 그냥 막연하게 국영수 열심히 공부하고 성적 나오는 것 봐 가면서 대학을 선택한다면 고등교육의 진정한 의미가 퇴색될 수밖에 없다. 본문에서 '막연한 사랑'이라는 말을 쓴 것처럼, 진짜 사랑해야 할 전공을 쉽게 만나기는 어렵다. 그래서 남들이 좋다고 하고 취업이 잘된다고 하는 인기 학과에 편중되는 경향이 있다.

해리에게 경찰대학이나 공군사관학교는 막연한 사랑이었다. 공부를 하다 보니 진짜 사랑하는 심리학을 만났다. 그런데 전공적합성의 입시 현실에 맞춰서 진로 희망을 여전히 경찰과 군인이라고 했다. 해리는 자신의 이상과 입시 현실에 전공적합성을 제대로 응용해서 최상의 결과를 얻었다.

해리는 심리학에 대한 사랑 덕분에 사관학교 면접에서 빛을 발했다. 심리학과 군대의 특성을 잘 연계했기 때문이다. 사관학교 진학 후에도 심리학을 특화시킨 임무 수행을 하고 있다.

전공적합성의 롤러코스터는 가장 극적인 해피엔딩을 만들어 냈다.

피지 못한 꽃을 기억하며

특수 대학으로 시야를 넓혀라

학부모 강연이나 입시설명회를 할 때, 가끔씩 바닷가 마지막 집의 경험담을 이야기한다. 그러면 꼭 나오는 질문 중의 하나가 이것이다.

"그때 전교 3등과 4등 학생은 어떻게 되었나요?"

나는 그 질문에 답변을 하지 못한다. 어지간하면 얼렁뚱땅 다른 이야기로 화제를 돌리고, 뭐 그럭저럭 잘 갔다고 둘러댄다.

전교 3등이었던 승환이.

승환이의 아버지는 작은 배 한 척을 갖고 있었고, 어머니는 라오스에서 오신 분이었다. 승환이는 이목구비가 아주 뚜렷하고 모델 같았다. 아버지는 환갑이 넘었고, 어머니는 40대 초반이었다. 많은 나이

차이에도 불구하고, 두 분은 매우 다정다감했다. 승환이도 매우 해맑아서 바닷가 소년 특유의 생기발랄함과 긍정적인 에너지가 넘치는 학생이었다.

승환이 아버지는 배를 타고 물고기를 잡는 일보다는, 안섬이라고 하는 곳에 가서 농사를 짓는 일을 주업으로 삼았다. 안섬은 무인도였는데, 승환이 아버지는 원래 그곳에서 태어나서 살다가 국민학교에 들어가면서 육지로 나왔다. 승환이 아버지는 그곳에서 염소를 사육했다. 사육이라고 할 것도 없이 방목을 해서 키우다가 겨울에 먹을거리가 부족해지면 염소들을 유인해서 큰 것만 골라 파는 방식이었다. 섬의 생태계가 파괴되지 않도록 일정한 구역에 그물을 치고 방목을 했지만, 군청에서 수시로 단속을 나오는 경우가 많았다.

나는 호기심이 발동해서 후배와 함께 승환이 아버지의 배를 타고 안섬으로 들어가 염소들을 구경한 적이 있다. 섬으로 들어가면 염소들은 잘 보이지 않았다. 배를 타고 바다에서 빙빙 돌다 보면 바위 사이에 드문드문 염소들이 보였다.

"우와! 저 까마득한 바위에 어떻게 붙어 살 수가 있을까요?"

나는 신기해서 염소들을 바라보며 승환이 아버지에게 물었다.

"지금은 못 잡아요. 겨울이 되면 먹을 게 없으니까 건초로 유혹을 해서 그물로 몰아넣습니다."

"그럼 겨울에만 오시는 건가요?"

"엔걸요. 바나 농사선 붙의 농사건 쉬운 일이 있나요? 군청에서 하도 잔소리를 해서 일정한 구간에만 몰아서 키우려면 그물을 치고 먹이를 주는 것이 장난이 아닙니다. 힘이 어찌나 센지 어지간한 그물은 막 찢어 대서 생명의 위협을 느낄 때도 있어요."

승환이 아버지는 아주 능숙하게 배를 몰면서 염소들의 움직임을 살폈다. 고향 후배는 그 와중에도 낚시질을 하느라 정신이 없었다. 그렇게 물고기를 잡지 못하면서도 어쩌면 그렇게 낚시를 좋아하는지 신기할 정도였다.

승환이 아버지는 안섬에 배를 대고 전날 바다에 넣어 둔 통발을 건졌다. 우리는 입을 다물지 못했다. 그 통발 안에는 일곱 마리의 물고기가 퍼덕거리고 있었다.

"우와아! 이거 정말 많이 잡혔네요."

"바닷속 일은 그저 하늘에 맡겨야지요. 한 마리도 안 잡힐 때가 많아요."

우리는 승환이 아버지가 떠 주는 회를 먹으며 아주 행복한 오후 시간을 보냈다. 안섬에서 직접 농사를 지은 양파와 고추를 듬뿍 넣은 매운탕도 정말 맛이 있었다. 승환이 아버지는 소주를 몇 잔 드시더니 몇 번 머뭇거리다가 아주 정중하게 부탁을 했다.

"저기 선생님. 선생님께서 그렇게 유명한 분이시라는데… 우리 아들 녀석 대학 좀 가게 꼭 좀 도와주세요."

"예? 아아 예에, 제가 할 수 있는 한은 당연히 해야지요. 그런데 제가 여기에 있을 수 있는 시간이 얼마 남지 않아서…."

"꼭 좀 도와주세요. 제가 이렇게 환갑이 넘고 작년에 다리를 다친 후에 승환이가 나와서 도와주는데 영 불편하네요. 마흔 넘어서 낳은 자식… 대학은 꼭 보내고 싶습니다."

"예. 그럼요. 승환이가 또 워낙 성실한 학생이라서 잘될 겁니다."

"그 뭐냐. 승환이가 선생님에게 농협대학인가 거기 설명을 듣고 나서 엄청 좋아하던데… 거긴 정말 등록금 걱정하지 않아도 되나요?"

"예, 특수목적 대학의 성격이 있어서 학비도 부담 없고, 또 아버님 께서 농협 조합원이고 하셔서 합격만 한다면 걱정하지 않으셔도 됩니다."

"혹시 그 뭐냐 수협대학 이런 건 없나요? 제가 면세유도 받고 그러느라 수협을 더 많이 이용하는데…."

"그런 건 없네요. 승환이가 수학을 조금만 더 하면 농협대학에 갈 수 있을 겁니다."

내 말을 듣고 승환이 아버지는 아주 흐뭇한 표정을 지었다. 승환이는 시간이 날 때마다 아버지를 따라 나가서 안섬의 농사일을 거들었다. 염소들이 정해진 구역을 빠져나가지 못하게 그물을 치는 일은 보통 일이 아니라고 했다. 가파른 경사를 오르기도 힘들고 쇠말뚝 하나 박기 쉽지 않을 정도로 바위가 많았다. 승환이는 다리가 불편한 늙은 아버지를 대신해서 한번 안섬에 들어가면 이것저것 꼼꼼하게 살폈다고 한다.

승환이와 이런저런 상담을 하다가 농협대학 이야기를 해 주었다.

승환이는 잘만 하면 서울 소재 대학도 갈 수 있을 정도의 내신은 갖췄으나, 수능 점수가 문제였다. 도시 학교에 비해 문제 난이도가 낮은 편이라서, 내신은 전교 3등(한 학년 전체 24명 중의 3등)이었으나, 수능 모의고사는 3등급과 4등급을 오르내리고 있었다. 그중에서도 국어와 영어는 2등급을 찍을 때도 있지만 수학은 4등급에 머물러 있었다. 내가 수학을 지도해 줄 수는 없어도, 어떤 식으로 공부를 하나 살펴보니 정말 피눈물 나게 공부한 흔적이 보였다. 나는 가까이 지내는 수학 원장과 통화를 했다.

"에헤이, 글쎄 일단 한번 와 보시라니까… 그냥 막 물 반, 고기 반이야. 나 같은 사람이 던져도 그냥 막 잡혀. 유 원장님 정도면 그냥 다 휩쓰는 거라니까. 여기 장비도 다 있으니까 월요일에 오셔."

"아니, 저도 이 원장님 요양 중이시라서 가 보기는 해야 하는데 요즘 워낙 바빠서요."

"바다가 어찌나 좋은지 몰라. 하루를 쉬더라도 이런 곳에서 머물러야 그냥 막 힐링이 된다니까 그러시네."

나는 바쁘다는 핑계로 머뭇거리는 수학 원장을 거의 반강제적으로 바닷가 마지막 집으로 초대를 했다. 승환이 아버지는 다양한 물고기를 가져와서 자연 돌판에 모둠회를 떠 주었다. 그중에서도 수학 원장이 감동한 것은, 환갑 넘은 아버지가 땀을 뻘뻘 흘리며 끓여 준 염소고기 수육이었다. 그건 염소 수육이 아니라 늙은 아버지의 자식에 대한 정성 그 자체였다.

바닷가 마지막 집의 평상에 앉아서 염소 고기를 맛있게 먹은 유승상 원장은 늙은 아버지의 정성에 그냥 말 수는 없겠다는 표정이었다. 그는 물 반, 고기 반이라는 황금어장은 가 보지도 못하고 승환이의 수학을 분석해 주었다. 모든 공부에 왕도는 없지만, 이런 일을 오래 하다 보면 학생들의 공부 패턴이 보이기 마련이다. 유승상 원장은 승환이의 문제집과 모의고사 문제풀이를 보고 나서 간결하고 단호하게 말했다.

"무조건 버리면 되겠네. 여기 1등급 킬러 문항 21번, 29번, 30번은 처음부터 풀지도 말고… 지금 너의 공부 상태를 보니 13번부터 20번 까지 객관식 4점짜리, 26번부터 30번까지 주관식 4점짜리… 이건 일 단 풀지 마. 다시 말하면, 1번부터 12번까지 풀고… 여기서 시간 점검 한번 하고… 22번부터 25번까지 집중해서 풀어. 너는 그냥 여기서 시 험 끝낸다는 각오로 이 열여섯 문제에만 집중해. 그런 다음에 늘 듣 는 소리겠지만… 기본 개념서를 다시 하나하나 꼼꼼하게 훑어 봐. 그 래서 3등급의 문턱이 조금 보인다 싶을 때… 그때 다시 이야기하자."

유승상 원장은 승환이의 공부 패턴을 보고 비교적 간결하게 진단 과 처방을 내렸다. 승환이는 별반 새로울 것도 없다는 듯이 시큰둥 한 반응을 보였다. 어쩌면 거기에서 유승상 원장과 승환이의 운명이 마무리되었을지도 모른다. 그런데 인생의 전환점은 뜻하지 않은 곳에 서 올 때가 많다. 유승상 원장이 바닷가 마지막 집을 떠나려고 할 때, 승환이 아버지가 큰 스티로폼 박스 하나를 가져왔다. 그 박스 안에는 아주 커다란 염소다리가 들어 있었다.

"아이구 선생님. 정말 고맙습니다. 제가 뭐 드릴 건 없고 참 송구스럽지만 이거 가져다 푹 삶아 드세요. 이 염소 고기가 이래봬도 섬에서 약초를 먹고 큰 거라서 그냥 막 보약입니다."

예순넷의 늙은 아버지가 고3 아들을 잘 봐 줘서 고맙다며, 손수 손질을 해 온 염소 고기. 아무리 무덤덤한 유승상 원장도 그것을 보고 나서는 그냥 넘어갈 수 없었을 것이다.

유승상 원장은 바닷가 마지막 집을 다섯 번이나 찾아왔다. 그때마다 승환이를 만났다. 승환이에게 애초에 풀지도 말라던 21번, 29번, 30번의 킬러 문항은 주로 미적분 문제였다. 승환이는 타고난 성실성과 끈기로 4개월 만에 킬러 문항에도 어느 정도 도전할 수 있게 되었다. 실제 수능에서는 끝내 킬러 문항을 극복하지 못했지만, 수학 원점수 2등급, 88점으로 농협대학에 무난히 합격했다. 원래 잘하던 국어와 영어도 안정적인 점수로 뒷받침을 해 주었다.

농협대학에 합격하던 날, 그때 나는 바닷가 마지막 집의 삶을 정리하고 다시 도시로 돌아와 있었다. 울먹거리는 승환이 목소리 뒤로 라오스 어머니의 서툰 한국말.

"선생님, 정말 정말 감사합니다."

그리고 그 뒤로 들리는 늙은 아버지의 거친 목소리.

"선생님. 이게 다 선생님 덕분입니다. 저는 이제 죽어도 여한이 없습니다. 안섬에 고기 드시러 꼭 오셔야 합니다."

승환이는 부모님 부담을 덜어드리고 농협대학에 가서 열심히 공부할 꿈에 부풀어 있었다. 하지만 나는 끝내 안섬에 가지 못했다. 승환이도 만나지 못했다. 라오스 어머니와 늙은 아버지도 끝내… 만나지 못했다.

후배에게 들은 날짜를 기억한다. 2월 23일.

승환이는 기숙사에 들어갈 생활용품까지 모두 마련해 놓고 대학 신입생의 꿈에 부풀어 있었다. 그리고 다리가 불편한 늙은 아버지가 걱정이 되어서 안섬에 들어갔다. 아버지의 부담을 조금이라도 덜어 주기 위해 바위로 올라가 쇠말뚝을 박고 그물을 쳤다. 그리고 승환이는 아버지가 보는 앞에서 어떻게 손써 볼 새도 없이… 발을 헛디뎌 깊은 바닷속으로 떨어졌다. 그것이 마지막이었다. 그 말을 전해 주는 고향 후배는 끝내 말을 마치지 못했다. 우리는 인사도 하지 못하고 전화를 끊었다. 나는 한동안 바닷가 마지막 집에 가지 않았다.

학생들을 가르치고 상담을 하다 보면 많은 사연이 있게 마련이다. 때로는 웃고 때로는 눈물도 흘린다. 그런데 이제 막 피어나려는 꽃이 제대로 피어 보지도 못하고 지는 순간은… 시간이 아무리 흘러도 받아들이기가 너무 힘이 든다.

특수 대학으로 시야를 넓혀라

승환이의 이야기를 실어도 될까? 많이 고민했다. 에필로그에 짧게만 넣을까, 아니다. 마음속에만 담아 두자… 아니다, 아니다. 자꾸 살아 있다는 생각이 들고, 누구보다 선명하게 기억되어서 꼭 한번은 마음속에 깊이 쌓인 아쉬움을 풀고 싶었다. 불의의 사고만 아니었다면 승환이는 분명히 농협대학을 무난히 졸업하고, 성실하게 살아갔을 것이다. 그 밝고 화사한 청춘은 이제 내 곁에 없지만, 승환이를 기억하는 나의 마음만은 한 줄 한 줄 새겨 둔다.

특수한 목적으로 설립된 대학 중에서 매우 유망한 학교들이 있다. 그중에서는 국가나 기관에서 학비를 전액 지원해 주고 졸업과 동시에 취업이 보장되는 학교도 있다. 전문대학 중에서 4년제 명문대를 졸업하고 다시 입학할 정도로 매우 유망한 학교들도 있다.

설립 목적에 따라 다양한 대학이 있는데, 이름 앞에 주로 '한국'이 들어간 대학을 찾아보면 쉽게 파악할 수 있다. 한국관광대학교, 한국교통대학교, 한국기술교육대학교, 한국농수산대학, 한국산업기술대학교, 한국전통문화대학교 등이다. 그리고 더 특화된 농협대학, 한국승강기대학교 등이 있다.

한국교통대학교는 국립대학으로 예전의 철도대학과 충주대학이 통합되어 설립되었다. 철도경영·물류·컴퓨터학부, 철도공학부, 철도시스템공학과 등이 특성화돼 있고, 원하는 분야의 취업 연계가 유리하다. 취업률도 매우 높은 편이다.

한국기술교육대학교는 사립으로 직업능력개발훈련교사, 중소기업기술지도 등의 업무를 수행한다. 실천공학기술자 및 직업능력개발 전문가 양성으로 특화된 대학이다.

한국농수산대학은 국립으로 학과가 매우 특성화되어 있다. 특용작물학과, 버섯학과, 가금학과, 말산업학과, 산업곤충학과 등이 있다. 나는 산업곤충학과를 가장 추천한다. 물론 벌레를 보면 끔찍해서 도망치는 학생들에게 권할 수는 없다. 그런데 사슴벌레 키우는 것을 좋아하는 정도의 관심이라면 미래 식량 산업이나 환경문제 등과 연계된 산업곤충학과가 매우 유망하다고 생각해서다. 입학금과 수업료는 물론이고 교육교재 실습비, 기숙사, 식대까지 모두 국비로 지원해 준다.

한국산업기술대학교는 산학협력에 가장 특성화된 대학으로 평가받고 있다. 기계공학과, 메카트로닉스공학과, 나노반도체공학과 등이 있다.

한국전통문화대학교는 교육부가 아니라 문화재청 산하의 특수 교육기관이다. 우리의 전통문화를 수호하고 문화재를 발굴, 보호 관리하는 인재를 양성하는 특수대학이다. 전통건축학과, 전통조경학과, 전통미술공예학과, 무형유산학과, 문화재관리학과, 융합고고학과 등이 있으며 관련 분야

취업 연계성과 취업률이 매우 높은 편이다. 우리의 문화유산과 전통에 관심이 많은 학생들은 꼭 눈여겨볼 만하다.

한국승강기대학은 사립으로 승강기 분야에 특성화되어 있다. 과정평가형 반을 보면, 기업맞춤형 협약으로 현대엘리베이터설치반과 티센크루프엘리베이터코리아반 등이 있다 또한 사회맞춤형 협약반으로는 설치창업보육반, 특수승강기반, 주차기관리반과 같이 정교하게 세밀화된 교육 과정을 보여 주고 있으며, 안정적인 취업으로 정평이 나 있는 대학이다.

내가 승환이에게 추천한 농협대학교는 교명 그대로 "농협에 최적화된 현장 실무형 인재를 양성하는 것을 목표"로 한다. 농협(단위농협과 농협중앙회)의 은행 업무 전반을 배우며, 취업 연계성이 우리나라 전문대학 중에서 가장 높다고 할 수 있다. 농협대학교를 졸업하면, 일반적으로 단위농협은 90퍼센트 이상 취업할 수 있다. 농협중앙회의 농협은행도 매우 특성화된 조건으로 취업이 가능하다.

대학 선택의 시야를 조금만 더 넓히면, 학비 부담도 덜고, 취업과 바로 연계되는 특성화 대학들이 많다. 자신에게 맞는 숨겨진 보석을 찾아보자.

마음의 점으로 남은 그 아이

바닷가 마지막 집에서 만난 소이는 전교 4등이었다. 거듭 말하지만, 고3 한 학년에 24명만 있고, 그중에 4등이라서 대도시 학교의 전교 4등과는 약간 다르게 생각해야 한다. 그래도 전교 4등인 소이는 나름대로 자부심이 있었다.

소이는 문학소녀였다. 막연하게 국문과에 가야겠다고 생각은 하고 있었지만 수능은 국어만 3등급이고 다른 과목은 모두 4등급이었다. 어떻게 해서든 수시로 가야 유리한 상황이었고, 정시로 가게 되면 어지간한 4년제 대학은 어려워 보였다. 여은이나 유진이처럼 적극적인 성격도 아니었다.

짧은 시간에 많은 학생의 상담과 교육을 해야 했던 나로서는 그냥 평범한 한 명의 학생일 뿐이었다. 그런데 소이에게 관심을 갖게 된 것은 고향 후배가 우연히 전해 준 교지 때문이었다. 교지라고 하기에는 조금 민망한 수준인데, 인쇄소에서 간단하게 제본한 학교활동 같은 것이었다. 별생각 없이 받아서 제대로 읽어 보지도 않고 라면을 끓여 먹거나 찌개 냄비 받침용으로 쓰고 있었다. 그러다가 바지락이 들어간 된장찌개를 엎어 버려서 작은 상을 정리하다가 무심코 소이가 쓴 시를 읽게 되었다.

점심(點心)
- 마음의 점 24

내 마음에 점을 찍으려다
어디에 찍어야 할지 몰라
텅 빈 유리창에
편백나무 한 그루를 그렸네

비가 내리는 교실 앞뜰에 편백나무 한 그루.

시의 완성도나 문학성을 떠나서, 그때 내 마음이 허전해서 그런지 소이의 시가 너무도 마음에 와 닿았다. 점심을 마음의 점으로 표현한 것도 그렇고, 텅 빈 유리창, 편백나무, 비가 내리는 교실 앞뜰… 이런 일련의 이미지들이 내 마음속에 매우 선명하게 그려졌다. 그리고 부제에서 '마음의 점 24'라고 하는 부분이 끌렸다. 어쩌면 이 학생은 이런 시를 최소한 24편은 쓰지 않았을까 하는 생각이 들었다.

나는 엎어 버린 된장찌개를 미처 다 치우지 못하고 후배에게 전화를 걸었다. 너무 배가 고파서 서두르다가 그런 참사를 일으키고 말았는데, 소이의 시를 읽고 나서는 허기가 느껴지지 않았다.

"어, 저기 난데… 저기 그 뭐냐. 혹시 김소이 학생 어떤 아이야?"

"갑자기 소이가 어떤 아이냐고 물으면 나는 뭐라고 대답해 드려야 하나?"

"소이 그 애 글 잘 쓰지? 시가 아주 좋던데…"

"작년에 제가 담임을 맡았었는데 차분하고 진짜 착해요."

"그 애가 쓴 다른 시도 볼 수 있을까?"

"글쎄요. 소이한테 한번 물어볼게요. 그런데 선배, 이번 주말에 낚시할 수 있어요?"

어째 이 인간은 3학년 담임으로서의 긴장감이 전혀 보이지 않았다. 조금 틈만 보였다 하면 낚시 이야기를 했다. 후배는 그다음 날 소이가 공책에 쓴 시 한 권을 가져왔다. 예상대로 소이는 상당한 수준의 실력을 보여 주는 학생이었다.

'마음의 점'은 60여 편이나 되는 연작시였다. 나는 토요 특강이 끝난 후에 소이를 따로 불렀다. 소이는 너무도 부끄러움이 많아서 바로 마주 보고 상담을 하는 것 자체를 너무도 쑥스러워했다. 시에 대한 이야기를 하자 얼굴이 빨개지면서 아무 말도 하지 못했다.

"소이야, 나도 시는 잘 모르는데… 소이 너의 시를 읽으면서 정말 좋은 시라는 생각이 들었어. 그래서 국문과보다는 문예창작과가 너에게 더 잘 맞지 않을까 하는 생각을 해 봤는데 어떨까?"

나의 진지한 물음에도 소이는 아무 말도 하지 못하고, 마치 어떤 잘못을 해서 꾸중을 듣는 학생처럼 고개를 들지 못했다. 나는 미리 준비해 간 문예창작과 입시요강과 백일장이나 공모전 일정과 수상 실적 관리 방법 등을 자세히 설명해 주었다. 하지만 소이는 끝내 아무 말도 하지 않고 인사도 대충 하고는 상담실을 나갔다. 나는 학생의 생각도 들어 보지 않고 너무 일방적으로 권유한 건 아닌가 하는 후회가 되었다. 며칠 후에 후배에게 소이의 안부를 물었더니 나에게 뜻밖의 소식을 들려주었다.

"소이가 휴학을 한다네요. 집안 사정이 어려워서 지난 겨울방학 전에도 휴학 이야기가 나왔었는데 더 버티기가 진짜 어려운가 봐요."

"아니 입시가 코앞인 고3이 무슨 휴학을 해? 일단 대학에 가야지."

"그러니까 그게… 소이가 할머니와 둘이 사는데 형편이 엄청 어려운가 봐요. 검정고시까지 생각하고 있던데요."

나로서는 이해할 수 없는 일이었다. 일단 고3은 어떻게 해서든 마무리하고 다른 일은 그다음에 생각해도 되지 않을까 하는 답답한 생각만 들었다. 소이는 결국 휴학을 했다. 나는 아쉬운 마음이 컸지만 어쩔 수 없는 일이었다. 주변에서도 일단 고등학교는 졸업해 보자고 설득을 했으나 소용이 없었다고 했다. 할머니의 수술비는 건강보험

혜택을 받고, 마을에서도 적극 나서서 해결이 되었다고 한다. 하지만 생활비까지 다른 사람에게 의지하고 싶지 않다며 아르바이트 자리까지 구해 놓은 상태였다고 했다. 담임선생님의 말도 듣지 않는 학생에 대해, 더는 참견할 수도 참견할 일도 아니었다. 소이는 그렇게 나의 기억에서 멀어져 갔다.

소이에게서 다시 연락이 온 것은 그다음 해 3월이었다.

"선생님, 저 작년에 박경훈 선생님 반 학생이었던 김소이인데 기억하시겠어요?"

나는 소이의 목소리를 전혀 기억할 수 없었다. 후배의 이름을 말하는 순간 그때 바닷가 마지막 집에서 만난 학생인가 하는 생각만 들었다.

"저기 선생님께서 제가 쓴 시 '마음의 점'이 좋다고 하셨었는데…"

나는 소이의 그 말을 듣는 순간 바로 생각이 났다.

"아! 그래. 그 편백나무 한 그루… 기억난다. 그래, 그때 학생이구나."

나는 정말 반가웠다. 소이는 1년 사이에 어떤 변화가 있어 보였다. 그때 소이의 목소리가 생각나지 않았는데, 그건 어쩌면 당연한 일이었다. 나는 그전에 소이의 목소리를 들어 본 적이 없었다. 떠올려 보니, 상담하던 날 소이는 아무 말도 하지 않았기 때문이었다.

"저기 선생님. 저 복학했어요. 검정고시를 하려고 보니 수능으로는 도저히 자신이 없어서… 그런데 그때 선생님께서 말씀해 주신 문학특기생 전형 그걸 준비해 보려고 하는데 시간 되세요?"

나는 무조건 된다고 약속을 했다. 그때는 고향 후배가 승환이 때문에 힘들어하던 시기라서 잠깐 만나서 술이라도 한잔 사 줄까 생각하고 있던 때였다. 나는 후배에게 전화를 걸었으나 반응은 신통치 않았다. 후배는 고3 담임도 맡지 않고 그냥 교과목 선생으로만 남아 있었다.

"형, 나 지금은 너무 힘이 들어서 휴직계를 낼까 생각 중이야. 소이한테는 미안한데 지금은 아무 생각이 없어."

너무 지친 듯한 후배에게 그 이상의 말을 할 수는 없었다.

소이는 세 시간이 걸리는 것도 감수하고 나를 찾아왔다. 스무 살이 되어 다시 고3이 되었으나, 그 이전에 보았을 때보다는 훨씬 더 밝아 보였다. 할머니 수술도 잘 마무리가 되었고, 고속도로 휴게소에서 아르바이트를 하면서 돈도 많이 벌었다고 자랑을 했다.

"돈이 많은 게 이렇게 좋은 줄 몰랐어요. 무엇보다 좋아하는 작가의 책을 마음 놓고 살 수 있어서 정말 좋아요."

소이가 아르바이트를 하면서 얼마나 많은 돈을 벌었는지는 알 수 없었다. 고등학교도 졸업하지 못한 학생이 단기 아르바이트를 하면서 돈을 벌었으면 얼마나 벌었을까 안타까운 생각만 들었다. 그래도 이전보다는 훨씬 더 자신감을 갖고, 당당하게 살아가는 모습이 좋아 보였다. 나는 문학 특기생 전형을 설명해 주면서 대학 입시 전략을 함께 정리해 주었다.

소이는 정말 꼼꼼하게 공모전, 백일장 달력을 만들어서 보내왔다.

중간에 몇 가지 오류를 바로잡고, 일정에 맞춰서 대학별·단체별 심사 기준을 정리해 주었다. 메일을 주고받으면서 소이가 얼마나 시를 좋아하는지 다시 확인할 수 있었다. 그동안 쓴 시와 꾸준히 새로 쓴 시도 보내왔다. 주말이면 강의 때문에 정신이 없다가도, 월요일 아침이면 소이가 보내온 시를 읽어 보는 것은 큰 행복이었다. 메일을 열기 직전이면 행복한 긴장감이 밀려왔다. 중간고사나 기말고사 기간에 소이가 시를 보내오지 않으면 나도 모르게 약간 우울해지기까지 했다.

소이는 혼자서 백일장에 찾아다녔다. 전라남도 해남 대흥사 백일장이나, 강진 김영랑 백일장에 가기 위해서 버스를 여섯 번이나 갈아 탔다면서도 행복해했다. 그 먼 길을 혼자 가서 장려상 하나 타지 못해도 소이는 언제나 해맑았다.

"우와! 선생님, 진짜 안양예고나 고양예고 문창과 애들은 뭘 어떻게 배우는 걸까요? 이번에도 완전히 그 애들이 상을 휩쓸어 갔어요. 거긴 학교에서 버스로 막 오고 그랬더라고요."

비용을 아끼기 위해 제대로 된 식당에도 가지 못하고, 김밥 한 줄로 하루를 버티기도 했던 소이였다. 버스가 연착되어 대회 시간에 맞추기 위해 택시를 타고 가는 바람에 돈이 부족해서 굶은 적도 있었다. 버스에 누군가 남기고 간 호두과자를 먹었는데 그렇게 맛있을 수가 없었다며 웃기도 했다. 스무 살 고3 학생이 창피한 줄도 모르고 허겁지겁 먹었을 그 호두과자는 도대체 얼마나 씁쓸한 삶의 맛이었을까? 가족이라고는 할머니뿐이어서, 소이는 그 누구에게도 경제적인 지원을 받지 못했다. 5월이 되어서야 소이는 처음으로 상을 하나 탔다. 그때 전화를 걸어온 소이는 울먹이며 이렇게 말했다.

"선생님, 저 상을 탄 거보다 더 좋은 건요. 이 학교에서는… 밥도 주네요."

밥. 밥이라는 말이 그렇게 애절하게 들린 적이 없었다. 먹을 것이 넘쳐나서 음식물 쓰레기를 걱정하는 나라에서 밥을 걱정하는 아이가 있었다. 소이에게 밥은 정이었다. 네다섯 시간 걸려서 참여한 대회에서 밥을 주는 것이 그 무엇보다 행복했던 소이였다. 문학은 꿈이었고 밥은 현실이었다. 넉넉하게 퍼 담은 밥을 앞에 두고 혼자서 먹었을 소이의 모습이 눈에 선하다. 다른 학생들은 학교 친구들과, 혹은 가족들과 함께 밥을 먹을 때, 소이는 혼자 먹었을 것이다. 그리고 밥을 먹는 것처럼 글을 썼다. 시를 좋아하면서 소설도 썼다. 소설에도 상당한 재능이 있어서 대회 특성에 따라서는 소설로 방향을 바꾸어 도전해서 상을 받기도 했다. 8월까지 소이는 일곱 개의 문학상을 탔다. 문예창작학과가 특화되어 있는 중앙대, 동국대, 명지대를 꿈꾸고 있었던 소이. 그 아이는 분명히 세 곳의 대학 중에서 한 군데 이상에 합격했을 것이다.

9월이 되었다. 소이는 여섯 개 대학에 원서를 썼다. 나중에서야 알았다. 그때 소이는 새벽 2시까지 편의점에서 아르바이트를 했다고 한다. 그러면서도 할머니를 돌보았고, 학교에 지각 한 번을 하지 않았다.

9월 29일. 소이는 학교에 오지 않았다. 소이의 휴대전화는 꺼져 있었고, 할머니는 소이의 소식을 알지 못했다. 아르바이트를 하던 편의점 CCTV에는 소이가 밝게 인사를 하면서 나가는 모습이 뚜렷하게 찍혀 있었다. 이틀 후에 소이는 편의점에서 500미터쯤 떨어진 농수로에서 발견되었다. 뺑소니 사고였다. 고향 후배는 울지 않았다. 승환이의 소식을 알려 줄 때는, 차마 말도 하지 못하던 사람이었는데 소이의 이야기는 담담하게 들려주었다.

"새벽까지 아르바이트를 하면서도 시를 썼나 봐. 주머니에서 작은 수첩이 나왔는데 온통 시 이야기야. 그리고 형한테 뭘 물어보려고 했나 봐. 문학 선생님께 상의할 일이라고 쓰여 있던데 자세한 내용은 잘 알아볼 수가 없었는데…"

소이는 나에게 무엇을 물어보려고 했을까? 몇 번을 망설이다가 소이의 마지막 길을 찾아갔다. 도저히 소이의 영정사진을 볼 자신이 없었으나… 소이의 마지막 가는 길을 찾지 않을 수 없었다.

소이의 영정을 지키고 있던 아이들이 나를 보고 달려왔다. 바닷가 마지막 집에서 보았던 아이들이 나를 붙잡고 아무 말도 하지 못한 채 울먹거렸다. 소이는 가까운 일가친척 하나 없었다. 소이의 할머니는 손녀의 죽음을 아직 모른다고 했다. 고교 친구들과 후배들만이 그 쓸쓸한 자리를 지키고 있었다.

소이는 영정사진 속에서 환하게 웃고 있었다. 소이의 사진을 나는 차마 똑바로 바라볼 수 없었다, 나는 소이가 가는 마지막 길에 엎드려 인사를 하고 일어나지 못했다. 한참을 엎드려 있는데, 유진이가 조용히 다가와 노트를 내밀었다. 소이의 습작 시였다.

　문득
　내 마음의 점은
　어디에 찍어야 할지
　망설이고 있었다

　점심은 시간이 아니라
　마음이었다

　봄 어느 날

　내 마음의 점은
　떠나지도 못하고
　머물지도 못하고
　행담도 흐린 샘물 앞에
　머물러 있었다.

　소이는 여전히 마음의 점을 찍기 위해 노력하고 있었다. 나는 아직까지도 소이에 대한 마음의 점을 찍지 못하고 있다.

문학 특기생를 위한 입시 포인트

소이는 늘 시간에 쫓겨 살았다. 소이의 습작 노트 중간중간에는 시간 약속 메모가 적혀 있었다. 그 메모 중에 '향안어촌계 바지락 11시 전까지 꼭!'이라는 내용이 있어서, 유진이에게 물어보았다. 전화기 너머에서 유진이는 말을 잇지 못하다가 간신히 전했다.

"소이는 주말이면 바다 물때에 맞춰 갯벌에서 바지락을 잡아 팔기도 했어요."

할머니들 사이에서 바지락을 잡고 있었을 소이의 해맑은 미소가 떠올라서 한동안 나는 아무 말도 하지 못했다.

나는 가급적이면 소이 생각을 하지 않으려고 한다. 그 아이를 떠올리면 내 마음속 깊은 곳에서부터 슬픔이 올라와서 아무 일도 손에 잡히지 않는다. 이 책을 쓰면서도 소이 이야기는 몇 번이나 지웠다 쓰기를 반복했다.

소이 역시 승환이처럼 세상에 드러내지 않으면 친구들에게조차 잊히고 말아 버릴 '마음의 점'이었다. 나는 견딜 수 없는 슬픔을 딛고서 소이라는 여린 영혼을 달래 주고 싶었다.

인적이 드문 바닷가 마을에서 조용히 글을 썼던 한 소녀…. 세상은 그 소녀를 알아주지 않았지만 나에게는 돌에 새겨진 글씨처럼 또렷이 남아 있다

문학특기생 전형은 크게 두 가지로 나누어 볼 수 있다. 하나는 백일장과 공모전 등을 통해 수상 실적을 쌓는 것이고, 또 하나는 창작 실기 연습을 해서 대학별 전형에 지원하는 것이다. 대학마다 수상 실적을 인정하는 범위와 방식이 다르지만 대략적으로 정리하면 다음과 같다.

심훈 중앙대 청소년문학상

연세대 윤동주 백일장

명지대 전국 고등학생 문예백일장

추계예대 추계청소년 문학상

서울시립대 문화상

동국대 전국고교생 문학콩쿠르

서울과학기술대 전국 고교생 문예백일장

한국시인협회 전국고교생문예백일장

한국작가회의 전국고교생백일장

대산청소년 문학상

세종날 기념 글짓기 대회

전국 정지용 청소년 문학상

마로니에 전국 청소년 백일장

전국 새얼 학생 어머니 백일장

전국 만해 백일장

황순원 백일장

사전에 작품을 먼저 공모해서 예심을 통과한 학생들만 본심을 치르는 대회가 대부분 높은 공신력을 보여 준다. 또한 대학에서 주최하는 백일장도 대부분의 대학에서 상호 인정해 주고 있다.

누구나 참여가 가능한 공신력 있는 대회도 많이 있는데, 보통 수백 명은 기본으로 오는 대회가 많아서 경쟁이 매우 치열하다.

각 대학이나 단체별로 글제(시제) 유형을 잘 파악해서 다양한 글쓰기를 준비해야 한다. 보통 4월, 5월, 6월에 공모 일정이나 백일장이 많이 집중되어 있다. 일반적으로는 공모전보다는 백일장의 수상 실적을 더 높이 인정해 주는 경우가 많다.

고3이 되기 전에 1학년 때부터 대학별·단체별 계획을 세워서 준비를 해야 한다. 수많은 대회가 있어서 일정이 겹치기도 하고, 일정이 변경되기도 하기 때문에 입시 달력을 만들어서 관리해야 한다.

이와 관련하여 주요 정보를 얻을 수 있는 곳이 있다. '엽서시문학공모, 위비티, 빵타, 아이러브 콘테스트'와 같은 사이트를 참고하면 큰 도움을 받을 수 있다.

대학 실기시험은 주로 120분 정도의 시간을 주고, 일정한 글제에 따라 운문(시)은 자유 분량, 산문(소설, 수필)은 보통 2,000자 내외의 원고를 작성하면 된다. 이 치열한 경쟁에서 목표를 달성하려면 역시 성실함을 기본적으로 갖춰야 한다. 다양한 작품을 읽으며 차근차근 준비하자.

또한, 차변하되 글을 쓸 수 있어야 한다. 그러려면 하나의 글제를 보고 일차적 상상력에서 머물지 말고 그 이상으로 확장해 보려고 노력해야 한다. 예를 들어 '하늘'이라는 글제가 주어졌는데 높고 푸르고 맑은 이야기를 쓰고 있다면 일차적 상상에서 벗어나지 못하고 있는 것이다. 발상의 전환은 필수다. 여기에 목표로 하는 문학 특기생 선정 대학의 입시 유형에 맞는 전략이 세밀하게 수립되어 있다면 금상첨화다. 전공적합성의 취지를 극대화하기 위해서는 모든 교과목을 문학과 연계하여 기재하는 꼼꼼함과 치밀한 전략이 뒷받침되어야 한다.

마지막까지 마지막은 없다

선화는 전형적인 문과생이었다. 국어와 한국지리처럼 단순하게 암기하는 과목을 정말 좋아했다. 하지만 문과생은 장래에 밥 벌어먹고 살기 어렵다는 아버지의 강력한 권유에 따라 이과를 선택했다. 그렇게 이과를 가기는 갔는데… 수학과 물리만 못하고 모든 교과목에서 뛰어난 성과를 거두었다. 다행히도 생물과 화학도 잘해서 선택과목도 만족할 만한 수준이었다.

그래도 그중에서 제일 잘하는 과목은 국어였다. 국어를 어찌나 좋아하는지 독서(비문학)는 EBS 지문을 활용해 스스로 문제를 만들어서 친구들에게 돌려 보게 할 정도였다. 문제 수준도 훌륭했다.

문학작품이 나오면 주요 작가는 별도로 메모에 정리하고 자기만의 노트를 만들어 낯선 작품이 나와도 바로 적용시켜 보는 능력도 탁월했다. 윤동주, 김수영, 김광규 시인의 작가 성향을 정리해서 공통점을 추출한 내용은 지금도 내가 학생들에게 가르쳐 주고 있을 정도다. 선화가 정리한 세 시인의 공통점은 다음과 같다.

세 명의 시인 윤동주(일제 강점기), 김수영(1950~1960년대 독재정권), 김광규(1970~1980년대 군사정권)가 생존했던 시대 배경은 다르지만 한 가지 공통점이 있다. 그것은 '현실에 불만은 있으나 적극적으로 실천하지 못하는 자기반성'이다. 이것을 조금 더 전문적으로 이야기하면 '소시민적 자기비애'라고 한다.

나는 가끔씩 선화를 불러서 대화를 나누었는데 학생과 선생의 대화가 아니라, 동료 선생과 이야기를 나누는 기분이었다.

그런데 안타깝게도 이과 상위권인 선화는 수학에 대한 울렁증이 있었다. 진짜 수학만 잘한다면 독보적인 전교 1등일 텐데, 너무나 아쉬웠다. 열심히 문제도 풀고, 오답노트도 만들고, 그 어떤 과목보다 시간 투자도 많이 했지만, 막상 시험을 보면 결과가 좋지 않았다. 아주 단순한 계산 실수가 잦았고, 문제의 난이도가 조금만 높으면 그다음 단계로 가지 못하고 시험을 보다가 우는 경우도 있었다. 안타깝게도 내가 해 줄 수 있는 것이 없었다. 그나마 조금 도움을 준다는 것이 수학에서 다뤄지는 용어들의 말뜻을 자세히 풀어서 같이 고민해 보는 정도였다.

예를 들어, 정사영(正射影)이라는 개념은, '평면 위의 도형을 그 평면 위에 있지 아니한 공간 안의 고정된 점을 지나는 직선으로 다른 평면의 도형으로 옮기는 대응. 또는 그 대응에 의한 상'이라고 나와 있다. 이것을 국어 선생의 관점에서 풀어 보자면 '바르게 쏘아서 그림자를 이룬다.'는 의미인데, 실제로 어떤 대상에 빛을 쏘아 그림자를 이룰 때 그 빛과 그림자의 각도가 어떤 것인지를 생각해 보는 말로 해석해 보았다. 선화에게 어떤 식으로라도 도움이 될까 해서 이런 방식으로 수학의 용어 개념을 고민해 보았으나, 그래봐야 국어 선생의 단편적인 관점에 불과했다.

수학과 물리, 지구과학을 제외한 다른 과목은 최상위권이었다. 심지어 체육이나 미술 같은 과목도 정말 열심히 해서 늘 만점을 받았다. 고3이 되면서부터는 국어를 굳이 따로 하지 않아도 될 정도였다. 국어는 늘 만점이 나왔는데, 한결같이 일찍 나와서 내 수업을 들었다. 하루는 수학 점수가 걱정되어서 조심스럽게 물어보았다.

"선화야. 이제 너 정도면 국어는 혼자 해도 될 것 같고… 그 시간에 수학 공부를 더 하면 어떨까?"

그러자 선화가 아무 대답 없이 칠판을 바라보더니 갑자기 눈물을 뚝뚝 흘렸다. 나는 어떤 말도 이어 갈 수 없어서 가만히 지켜보기만 했다. 수업이 끝나고 선화가 원장실로 찾아왔다.

"선생님, 저 잠깐 상담 가능하세요?"

"에구! 그럼 선화야. 어서 들어와."

선화는 조심스럽게 테이블 맞은편에 앉았다.

"선생님, 아까 수업 시간에는 죄송했어요."

"아냐. 괜한 소리를 해서 내가 미안하지. 그런데 무슨 속상한 일이 있어?"

"아뇨. 그게 아니라…."

선화는 무슨 말인가를 하려다가 다시 울먹거렸다. 나는 조용히 선화를 지켜볼 수밖에 없었다. 잠시 후에 마음을 진정시킨 선화가 조용히 입을 열었다.

"저기 선생님, 저 일부러 모의고사 문제를 한두 개씩 틀려요. 그 이유를 아세요?"

"글쎄 말이다. 내신은 완벽하게 하면서 모의고사는 꼭 그렇게 틀려서 이상하다 하긴 했는데…."

"저한테 국어 수업은 오아시스예요. 막 가슴이 답답하다가도 국어를 배우러 오는 시간이 되면 숨통이 트여요. 그래서… 내신은 기록에 남는 것이라서 최선을 다하지만… 수능 모의고사는 일부러 한두 개씩 틀려서… 아직 부족하다는 걸 엄마 아빠한테 보여 주려고 그러는 거예요."

"진짜? 어쩐지 이렇게 쉬운 문제를 선화 네가 왜 틀렸을까 의아하기는 했어."

"그냥 선생님이랑 친구들이랑 같이 시를 배우고 소설을 읽고 문법을 하나하나 따져 보는 시간이 정말 행복해요."

선화의 표정은 정말로 진지했다. 그 누구보다 국어를 좋아하는 모습이 그대로 드러났다.

"선화야, 그래도 이제 어쩐다니… 고3이라서 전과를 할 수도 없고… 이럴수록 더 열심히 수학 공부를 해야지."

선화는 말없이 고개를 끄덕이면서 또 울기 시작했다. 가끔씩 이런 학생들이 나타났다. 국어가 정말 좋은데 부모님이 대학 진학이나 취업의 어려움을 걱정해서 이과로 몰아간다. 자녀의 미래를 걱정한 부모님의 의견은 존중할 수밖에 없었으나 안타깝기 그지없었다.

선화는 어렵게 1학기 중간고사를 치르고 6월에 교육과정평가원 수능 모의고사를 보았다. 수학을 빼고 전 과목이 1등급이었다. 국어는 만점이었다. 다른 시도 교육청 모의고사나 사설 모의고사와는 달리 교육과정평가원 수능 모의고사는 최선을 다한 결과였다. 성적표가 나오자마자 선화의 부모님은 국어학원에 보내는 것을 중단하고 과감하게 환불까지 해 가셨다.

이게 국어 과목의 비애다. 어떤 학생이 중요한 시험에서 수학 과목 만점을 받으면 그 학원에는 더 많은 학생이 몰려든다. 그런데 국어 과목에서 연속 만점을 받으면, 대부분의 학생과 학부모는 "국어는 이제 됐다."면서 그 시간에 수학이나 영어에 투자한다. 어쩔 수 없는 일이지만 참 허탈하고 아쉬울 때가 많다.

만족인 신화를 보지 못하고 여름방학이 끝났다. 선화는 '수학과의 전쟁'을 치르며 고3 여름방학을 마무리하고 9월 초에 학원에 나왔다. 자기소개서를 첨삭 받기 위해서였다. 1학년 때부터 중간중간에 교과활동과 비교과활동을 점검하면서 부족한 점을 함께 보완해 와서 어느 정도 상황은 파악이 끝난 상태였다. 다 좋은데 역시 수학과 일부 과학 과목이 문제였다. 그래도 선화는 그에 맞춰서 열심히 자소서를 쓰고 나에게 첨삭을 받고 의견을 나누었다. 1차 수시에 원서를 넣고 간질하게 기도했다.

하지만 안타깝게도 선화는 수능 전에 면접을 시행하고 결과가 나오는 두 곳의 대학에 떨어지고 말았다. 역시 수학이 문제였다. 선화는 마음을 다잡고 열심히 수능 공부를 했다. 다행히 선화 어머니께서 선화가 국어학원에 너무 오고 싶어 한다는 말을 새겨들어 주셔서 수능 직전까지 함께 공부할 수 있었다.

수능 성적이 발표되었다. 선화는 국어와 영어 모두 만점이었다. 그런데 역시 안타깝게도 수학이 문제였다. 9월 교육과정평가원 모의고사에서는 3등급까지 나왔는데, 수능에서는 4등급이 나왔다. 이과 학생에게 수능 4등급은 말 그대로 치명적이었다.

수능 성적표를 가지고 진로 상담을 하러 온 선화는 울지 않았다. 뭔가 초연한 표정으로 빙긋이 웃고 있었다. 재수를 결심하고 어쨌거나 정시 원서를 쓰기로 했다. 그때 수시 2차 결과가 발표되었다. 고려대 간호학과 불합격, 경희대 간호학과 불합격이었다. 선화는 재수학원 조기 개강반에 등록했다. 나는 마지막까지 정시 원서 쓰는 데에 집중해 보라고 했지만, 어차피 안 될 거라며 부모님은 흔들리지 않고 재수학원에 보냈다. 나는 정시 원서 접수 마지막 날, 선화를 불렀다.

"재수를 하더라도 이왕이면 서울대 원서 접수증을 가져 보는 거야! 나는 서울대에 떨어졌다 해야 기분이라도 덜 나쁘지 않을까?"

"뭐, 경희대도 떨어졌는데 서울대 원서를 어떻게 넣을 수 있겠어요?"

"그래도 마지막까지 마지막은 없어. 재수를 할 때 이를 갈고 오기로 공부하기 위해서라도 일단 원서를 내 보자."

나의 간곡한 부탁에도 선화는 고개를 저었다. 이런 상황에서 더는 어쩔 방법이 없었다. 나는 선화 아버지에게 전화를 걸었다.

"아버님, 제가 나설 수 있는 일은 여기까지이지만… 재수를 할 때 성취동기를 더 부여하기 위해서라도 일단 서울대에 원서를 한번 내 보면 어떨까요?"

하지만 선화의 아버지는 예상대로 형식적인 대답을 하고 전화를 끊어 버렸다. 나는 선화가 그냥 그렇게 재수를 하는 것으로 알고 있었다.

그런데 서울대 합격자 발표 날, 선화가 울먹거리며 전화를 했다.

"선생님! 저 서울대 간호학과에 합격했어요."

온몸에 소름이 돋았다. 선화는 접수 마감 직전에 서울대에 원서를 냈던 것이다.

입시는 마지막 순간까지 알 수 없다. 마지막까지 마지막은 없다 아무것도 하지 않고 망설이는 것보다, 단 1퍼센트의 가능성 아니 아무런 가능성이 없어도 도전해 봐야 한다. 자신을 믿고 과감하게 원하는 그곳에 모든 것을 던져 보는 사람만이 꿈을 이룰 수 있다.

　로또 당첨의 가장 중요한 비법! 일단 로또를 사는 것이다. 로또를 사는 사람만이 당첨의 행복을 누릴 수 있다. 입시를 로또에 비할 바는 아니지만 마지막까지 최선을 다하고 온몸을 던질 수 있는 사람만이 합격의 영광을 누릴 수 있다. 마지막까지 마지막은 없다.

뽕샘의 공부법 콕콕!

운명을 바꾸는 원서 한 장의 비밀

아직도 대입에서 눈치작전이 있을까? AI가 최첨단으로 분석을 하고 족집게처럼 난리를 쳐도 눈치작전은 여전히 존재한다. 공산주의 국가처럼 신분에 따라 대학을 지정해 주지 않는 한, 누가 어느 대학에 원서를 낼지는 여전히 알 수 없다. 눈치작전은 오히려 더 치열해지고 있다.

원서 쓸 때 유의점 3가지를 꼽았다.

1. 수시는 6곳만 쓸 수 있는가?

4년제 일반대학은 6곳만 쓸 수 있다. 하지만 사관학교, 경찰대, 한국예술종합학교, 한국전통문화대학교, 한국과학기술연구원(KAIST), 포항공과대학교(POSTECH), 대구경북과학기술원(DGIST), 광주과학기술원(GIST), 울산과학기술원(UNIST), 산업대, 전문대 등은 추가로 지원할 수 있다. 단, 산업대와 전문대는 수시 6개 제한을 받지 않으나, 합격하면 정시에 지원할 수 없으니 각별히 유의해야 한다.

2. 학교 내신은 수시 원서를 쓰는 기준이 되는가?

일단 학교 내신이 기준이 된다. 그런데 수능 정시로 갈 수 있는 대학보다 약간 높게 쓰는 것이 최선의 전략이 될 수 있다. 이때 기준이 되는 것이 6월과 9월에 보게 되는 교육과정평가원 모의고사다. 이때 수능 등급을 기준으로 자신이 갈 수 있는 대학을 파악하고 이 단계보다 약간 더 높게 쓰는 전략이 바람직하다. 내신 2.5등급이면 어느 대학을 갈 수 있느냐 하는 것은 수시의 일부 기준은 될 수 있으나, 보다 더 적절한 기준은 교육과정평가원 모의고사라는 점을 고려할 필요가 있다.

3. 그래도 로또 당첨의 비밀이 있지 않을까?

단언컨대, 그런 것은 없다. 천하의 입시 전문가도 불가능한 것을 가능하게 만들 수는 없다. 그럼에도 불구하고 미련이 남는다면 원서 접수 첫날 전문가의 컨설팅을 받아 봐라. 첫날의 지원 상황과 누적된 데이터를 분석해 보면 어느 정도 정확성이 높은 원서 접수 현황이 추출되기도 한다. 또 하나, 해마다 대학별로 특성화된 전형이 있다. 예를 들어, 어느 해에는 심리학과의 경우 논술 전형 6명 모집에 836명이 지원을 한 데 비해, 인문학인개 전형은 3명 모집에 17명이 원서를 냈다. 원서 접수 현황을 예측하기 위해서는 결국 정보 싸움에서 이겨야 한다. 고교 입학 전부터 어떤 준비를 했느냐, 이런 전형에 대비하기 위해 어떤 실천을 했느냐가 중요하다.

진짜 중요한 정보는 보이는 사람에게만 보인다. 로또 당첨의 비밀은 중3 때부터 체계적으로 준비한 사람에게만 돌아가는 혜택일 수도 있다. 이것은 냉정한 현실이다.

참 만만치 않은 청년 시절을 보냈다. 10대 후반부터 공사장 조적공, LPG 가스통 배달, 지하철 잡상인, 시위 현장에서 마스크 판매 등 화려한 직업을 거쳐 국어·논술 강의를 시작할 때는 전단지를 찍을 돈이 없어서 인쇄소 사장님께 외상을 지기도 했다. 스물아홉 살 때 신춘문예에 당선됐고, 중앙대에서 문예창작을 전공했으나, 작가의 길을 걷지 못한 아쉬움을 늘 가슴속에 품고 있기도 하다.

그래도 후회하지 않는다. 글은 지금부터 열심히 쓰면 되고, 소설로 등단했지만 이제 보니 시를 더 좋아한다는 사실을 알았으니 그것만으로도 행복하다. 대한민국 곳곳에서 인정받으며 열심히 살아가고 있는 제자들이 가장 큰 재산이라는 자부심은 하늘을 찌른다. 지금도 진로에 고민이 많던 학생들이 자신의 마음에 맺힌 것을 풀고, 신나게 공부해서 원하는 대학에 합격할 때마다 눈물이 난다.

진로를 찾아 자리 잡고 살아가는 제자들을 만나는 게 제일 즐겁다. 오늘도 청소년들이 마음의 짐을 떨쳐 버리고 자신의 길을 갈 수 있게 안내하는 선생으로 행복하게 살아가고 있다.

승환이와 소이를 비롯해 이 책의 주인공인 나의 제자들에게 진심으로 고마운 마음을 전한다.

1936년생 허명순 우리 엄마, 1930년생 이재길 우리 아버지

아내와 딸, 아들 그리고 가족들.

김혜옥 선생님, 이진우 선생님, 이철규 원장님, 유영민 원장님….

고맙습니다. 당신들이 있어 감히 오늘의 내가 있습니다.

이야기공간을 소개합니다!

15년간 에디터였던 한 여성이 출산과 육아로 인해 직장을 그만두고 프리랜서로 일하다가 1인출판을 결심했습니다. 막상 시작하려니 무엇부터 해야 할지 막막했습니다. 이 작은 출판사에 원고를 줄 저자가 있을지가 가장 큰 문제였습니다. 그때 위로를 받고 싶어서 대학·대학원 선배 뽕샘에게 전화를 걸었습니다.

우리의 수다는 그렇게 시작되었습니다. 안부를 묻는 것에서 그칠 뻔했는데 뽕샘이 힘을 내라는 의미로 그동안 만난 아이들의 이야기를 들려준 것입니다. 이 요상했던 아이가 지금은 멋있는 경찰이다… 변호사다… 군인이다… 등 특별하고 개성 있는 아이들의 사연이 마치 오디오북처럼 들려오는데, 정말 시간 가는 줄 모르겠더군요. 이후 "아, 그래! 이 아이들이 나 같은 어른들의 과거였고, 내가 키우는 두 아이의 미래일지도 몰라."라는 생각이 들었습니다. 그러자 진심으로 이 이야기를 여러분과 나누고 싶었습니다.

앞으로 이야기공간은 첫 책《닭치고 서울대》의 힘을 받아 천천히 정성을 다해 한 권 한 권 여러분과 나누고픈 사연과 정보를 세상에 내놓고자 합니다.

이야기는 역사를 만듭니다. 말로만 하면 흩어지고 사라지기 마련인데, 이를 글로 쓰고 책으로 만들어 놓으면 영원히 남습니다. 누구나 작가가 될 수 있는 이 시대, 꼭 들려주고 싶은 누군가의 이야기를 찾아내서 한 땀 한 땀 역사로 만들어 보겠습니다.

여러분의 이야기도 들려주세요. story-js99@nate.com